OLIVER SCHÜTTE

# FERNSEHEN IST TOT - ES LEBE DAS GESCHICHTENERZÄHLEN

Ausblick auf Film und Fernsehen im Jahr 2020

### Über den Autor

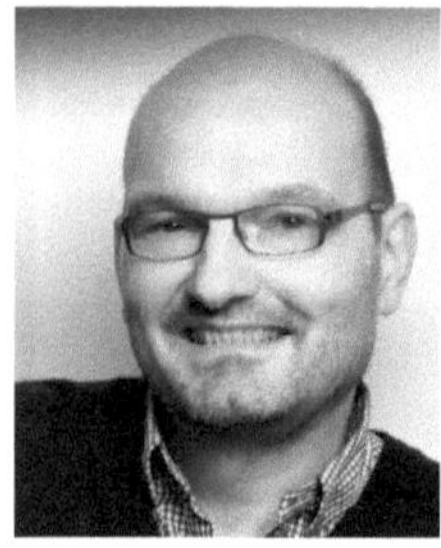

Nach dem Studium der Publizistik, Theaterwissenschaft und Soziologie an der FU Berlin arbeitet Oliver Schütte ab 1987 freiberuflich als Drehbuchautor. Ab dem Jahr 1991 ist er auch als Dramaturg tätig.

1995 gründet er die Master School Drehbuch, die er bis Ende 2008 leitet.
Im Jahr 1995 beginnt auch seine umfangreiche Lehrtätigkeit im In- und Ausland. Im Jahr 2000 initiiert er das Scriptforum, die damals einzige deutsche Konferenz und Messe für Drehbuch und Stoffentwicklung, deren künstlerischer Leiter er bis zum Jahr 2006 ist.

Von April bis Juni 2001 und 2007 nimmt er die Einladungen als „Writer-in-residence" am Grinnell-College in den USA an. In den Jahren 2007, 2009 und 2013 folgen jeweils mehrmonatige Aufenthalte in den USA, bei denen er sich intensiv mit der amerikanischen Serienlandschaft beschäftigt.

Oliver Schütte moderiert und betreut den Podcast „Stichwort Drehbuch" des Verbandes Deutscher Drehbuchautoren. Seit 2013 ist er mit tellfilm Deutschland auch als Produzent tätig. Er ist Gründungsmitglied der Deutschen Filmakademie sowie Autor der Fachbücher „Die Kunst des Drehbuchlesens" und „Schau mir in die Augen, Kleines".

## AUS FREUDE AM DENKEN!

### Schriften zu dramaturgischen und filmwissenschaftlichen Aspekten

Die Master School Drehbuch bietet seit 1995 Seminare und Lehrgänge in den Bereichen Drehbuchschreiben und Dramaturgie an.

Der stets angeregte Austausch unserer Dozentinnen und Dozenten über verschiedene dramaturgische und filmwissenschaftliche Aspekte war unsere Motivation, im Jahr 2015 die Master School Drehbuch EDITION zu gründen und Texte unterschiedlicher Länge zunächst als eBooks in digitaler Form zu publizieren.Seit Herbst 2017 sind einige dieser Schriften auch als Print-Version erhältlich.

Es ist unser Ziel, unseren Gedanken und Überlegungen in einem eigenen Verlag ein Forum zu bieten. Es macht uns Freude, tiefer in bestimmte dramaturgische und filmwissenschaftliche Themen einzusteigen.

Leserinnen und Lesern bieten unsere Texte einen kompakten und übersichtlichen Zugang. Einzelne dramaturgische und filmwissenschaftliche Aspekte werden intensiv und prägnant beleuchtet.

OLIVER SCHÜTTE

# FERNSEHEN IST TOT – ES LEBE DAS GESCHICHTEN-ERZÄHLEN

MIT UPDATE OKTOBER 2017

## Ausblick auf Film und Fernsehen im Jahr 2020

master school drehbuch EDITION ESSAY

Bibliografische Information der Deutschen Nationalbibliothek
Die Deutsche Nationalbibliothek verzeichnet diese Publikation in der Deutschen Nationalbibliografie; detaillierte bibliografische Daten sind im Internet über *http://dnb.d-nb.de* abrufbar.

Deutsche Originalausgabe
Master School Drehbuch EDITION

Wartenburgstraße 1 B
D-10963 Berlin
0049 (0)30 325 38 355
*www.masterschool.de*
*info@masterschool.de*


Layout und Satz: Edgar Lange
Lektorat: Franziska Schurr
Mitarbeit: Sabine Wucyna
Herstellung und Vertrieb: BoD – Books on Demand, Norderstedt
ISBN: 978-3-9816967-9-0

# INHALT

# TEASER

Wenn Autorinnen und Autoren etwas für tot erklären, dann wollen sie damit in den meisten Fällen auch provozieren und etwas erreichen.

Als das Oberhausener Manifest 1962 postulierte „Papas Kino ist tot“, wollten die jungen Filmemacher auf ihr Kino aufmerksam machen und für Innovation sorgen. Was ihnen schließlich auch gelungen ist. Denn wenige Jahre später waren die Werke des Heimatfilms der 50er Jahre tatsächlich aus dem Kino verschwunden und der Junge Deutsche Film bestimmte das Bild.

Wir leben in einer Zeit radikaler Veränderungen – in der gesamten Gesellschaft, aber auch im audiovisuellen Bereich. Dies wird für alle Medienschaffenden gravierende Auswirkungen haben. Diejenigen, die vor 1965 geboren sind, können sich dabei in der Tat bequem zurücklehnen, denn die Veränderungen werden sie in ihrem weiteren Berufsleben weniger berühren. Alle anderen können aber nicht so tun, als würde sie diese Entwicklung nicht betreffen.

Mir geht es darum, einen Blick nach vorne zu werfen. Was wird sich in den nächsten Jahren verändern? Wie wird unsere Filmlandschaft im Jahr 2020 und wie im Jahr 2025 aussehen? Natürlich besitze ich nicht die Gabe der Kassandra oder habe mich mit einem McLaren in das Jahr 2025 katapultiert. Aber ich werde die Entwicklungen, die heute schon als Ansätze vorhanden sind, in die Zukunft verlängern und ihre Konsequenzen durchdenken. Dabei interessieren mich vor allen Dingen die Fragen, die mit fiktionalem Erzählen zu tun haben. Und dies unter zwei unterschiedlichen Aspekten: Welche Geschichten werden wir in Zukunft erzählen? Und wie werden wir sie erzählen?

Ich möchte erreichen, dass wir uns offen mit Veränderungen auseinandersetzen und nicht den Kopf in den Sand stecken. Wir haben heute die Chance, die Zukunft aktiv zu gestalten, wenn wir nicht blind an den alten Zuständen festhalten. Darum werde ich für eine Agenda 2025 plädieren, die sich Ziele setzt und schon heute bewusst Schritte in die Zukunft unternimmt.

Ich lade sie ein, mir auf meinem Weg in die Zukunft zu folgen. Wir werden dadurch vielleicht unsere Gegenwart besser verstehen und unser Selbstverständnis als Geschichtenerzähler schärfen können.

# FERNSEHEN WAR GESTERN

Vor ungefähr hundert Jahren wurde an den ersten Apparaten gearbeitet, die es möglich machten, bewegliche Bilder von einem Ort der Welt an einen anderen zu transportieren. In den dreißiger Jahren wurden in Deutschland die ersten regelmäßigen Fernsehsendungen ausgestrahlt. Achtzig Jahre lang wurde die Technik zwar immer weiter verbessert, aber an der grundsätzlichen Art der Verbreitung änderte sich nichts. Bis vor wenigen Jahren eine gänzlich neue Technik den Markt eroberte. Bis dahin galt das Prinzip, dass ein Sender Bewegtbild ausstrahlte und dieses von vielen Empfängern gleichzeitig betrachtet werden konnte. Lange Zeit waren die Möglichkeiten so eingeschränkt, dass nur wenige Kanäle nebeneinander existieren konnten. Über dreißig Jahre lang gab es in Deutschland maximal drei Sender (wer wollte konnte das Angebot natürlich erweitern, indem er im Westen die DDR-Kanäle empfing und umgekehrt). Erst in den 80er Jahren entstanden die ersten privaten Angebote. Obwohl sich dadurch das Angebot enorm erweiterte, galt aber immer noch das Prinzip, dass der Empfänger auf das angewiesen war, was ihm die Sender in diesem Moment anboten. Die Einführung von Videorekordern in den achtziger Jahren änderte dies. Aber es stellte sich heraus, dass die Technik unhandlich und nicht wirklich überzeugend war. Videokassetten hatten eine Aufzeichnungsdauer von lediglich 3 Stunden, und die Qualität ließ in den meisten Fällen zu wünschen übrig. Schon zehn Jahre später standen die ersten

Festplattenrekorder in den Wohnzimmern der Zuschauer. Ein großer Schritt nach vorne. Hier lag die Aufzeichnungsdauer bei mehr als 30 Stunden, die Qualität war annehmbar und die Bedienung meist einfacher.

Ungefähr mit der Jahrtausendwende änderte sich dann alles grundlegend. Das Internet bot eine vollkommen neue Art der Rezeption von bewegten Bildern. Videostreaming erblickte das Licht der digitalen Welt. Nun war es möglich, dass ein Anbieter audiovisuelles Material zur Verfügung stellte, das der Nutzer zu jeder Zeit abrufen konnte. Ein Paradigmenwechsel, wie er selten in der Geschichte zu finden ist. Ähnlich der Ablösung der Pferdekutsche durch das Auto. Als Mahnung kann hier ein Zitat des letzten deutschen Kaisers Wilhelm II. dienen: *„Ich glaube an das Pferd. Das Automobil ist eine vorübergehende Erscheinung."*

Wer heute Filme und Serien in einer Gesamtlänge von 30 Sekunden bis hin zu 56 Stunden schaut, hat die Möglichkeit, dies auf dem Smartphone, auf dem Tablet, Computer oder dem heimischen Fernsehgerät zu tun. Die Nutzer entscheiden je nach Angebot auf welchem Gerät sie die Filme konsumieren wollen. Der Facebooklink, der zu einem kurzen Video führt, wird direkt auf dem Smartphone angeklickt, die länger dauernde Serie auf dem Computer- oder Fernsehbildschirm angeschaut. Diese neuen Rezeptionsmöglichkeiten und Vertriebswege haben (und da wird es für die Kreativen interessant) neue Formate hervorgebracht.

Und der Übertragungsweg durch das Internet hat auch noch andere Veränderungen ermöglicht. Im Jahr 2007 stieg in Amerika ein Anbieter in das Streaming ein, der zehn Jahre lang DVDs an seine Kunden verschickt und damit einen sehr guten Einblick in die Wunschvorstellungen und die Nachfrage der Zuschauer hatte. Neun Jahre später ist Netflix (bis auf wenige Ausnahmen) in der ganzen Welt verfügbar.

Es ist mit Sicherheit anzunehmen, dass im Jahr 2020 die Zuschauer einen sehr großen Teil ihrer audiovisuellen Produkte per Stream empfangen werden. Wir werden frei entscheiden, wann und wo wir die Filme und Serien schauen. Dies beinhaltet aber auch, dass wir eine aktive, bewusste

Entscheidung treffen, welche Serie oder welchen Film wir schauen. Das alte Fernsehen ist ein *Push-Produkt*. So werden diejenigen Produkte bezeichnet, die wir erhalten, ohne explizit danach zu fragen. *Pull-Produkte* müssen wir uns dagegen holen ("pull"). Streaming ist ein Pull-Produkt. Und die Auswahl und der Zugang sind verführerisch einfach.

Es stellt sich die Frage, ob wir auch in Zukunft noch schauen, was uns vorgesetzt wird, ohne dass wir den Inhalt und die Zeit bestimmen können. Wie beeinflussen Pull-Produkte das Fernsehen, das wir kennen?

Glaubt noch jemand an das Fernsehen und hält das Streaming für eine vorübergehende Erscheinung?

## SCHAUST DU NOCH ODER STREAMST DU SCHON?

Die älteren Generationen sind damit aufgewachsen, dass ihnen das Fernsehen vorgeschrieben hat, was sie am Sonntagabend zu sehen hatten. Diese Gewohnheit ist nicht so einfach loszuwerden. Denn es ist auch bequem. Früher reichte der Blick in die HÖRZU, um einen der drei Sender auszuwählen. Eine kurze Inhaltsbeschreibung genügte, um eine Entscheidung zu treffen.

Schon vor fünfzehn Jahren änderte sich dies. Der Blick in die TV DIGITAL bot ca. 35 Möglichkeiten. Eine schwierige Entscheidung, vor allem, wenn sie täglich und vielleicht sogar mehrmals täglich zu treffen war. Die Lösung lag in der Kapitulation. Die Zuschauer beschränkten ihre Auswahl auf zwei oder drei Sender – ihre Lieblingssender –, die sie oft auf Platz eins bis drei der Fernbedienung legten. Dabei war das Programm der Sender ausschlaggebend. Jeder Sender zog sich sein eigenes Publikum heran. Helmut Thoma, der ehemalige Senderchef von RTL, hat es einmal so formuliert: *„Der Wurm muss dem Fisch schmecken und nicht dem Angler."* Die Fische scharen sich um den Wurm, der ihnen am besten schmeckt. Dies führt dazu, dass jeder Angler lange Zeit die immer gleichen Würmer ins Wasser hält. Wer einmal etwas anderes ausstrahlt, wird bestraft. Kein Fisch beißt mehr an (wie es Ende 2015 RTL mit DEUTSCHLAND 83 passiert ist).

Die Zuschauer erleichtern sich die Entscheidung, indem sie nur noch auf ihre Lieblingssender achten. Dies ist der Status quo, den wir im Jahr 2016 vorfinden.

Die Sender rühmen sich schon lange, dass die Nutzungsdauer des Fernsehens pro Tag gleich bleibt oder sogar steigt. So stellt eine Studie aus dem April 2016 fest, dass im Jahr zuvor die tägliche Nutzung bei 223 Minuten liegt. Doch wer ins Detail geht, erkennt zwei gegensätzliche Bewegungen. Denn bei den Gruppen der drei- bis 13-Jährigen, 14- bis 19-Jährigen, 20- bis 29-Jährigen und 30- bis 49-Jährigen ging der Fernsehkonsum zurück. Der Anstieg ergibt sich aus denjenigen Zuschauern, die über 50 Jahre alt sind und im Schnitt knapp fünf Stunden den Fernseher angeschaltet haben.

Und es ist nicht schwer zu erraten, wie die Gesamtzahl von 223 Minuten entsteht. Da es inzwischen viele Menschen gibt, die gar kein Fernsehen mehr schauen, liegt auf der Hand, dass die eigentlichen Zuschauer mehr als 223 Minuten vor dem Bildschirm verbringen (damit der Durchschnitt statistisch erreicht wird). Wer sind also diese Zuschauer, die täglich viele Stunden fernsehen?

Die Sender sollten diese Zahlen nicht als Sieg des klassischen Fernsehens über das Streaming feiern, beweisen sie doch, dass die Rezeption immer mehr als Hintergrundberieselung erfolgt.

Denn wer heute bewusst einen Film oder eine andere Sendung sehen will, kann per Streaming den Ort und den Zeitpunkt selbst bestimmen. Wer lässt sich angesichts dieser Möglichkeiten noch darauf ein, dass ihm beides vorgeschrieben wird? Diejenigen, die sich nicht aktiv um die Auswahl kümmern wollen oder können. Es wird auch in Zukunft Zuschauer geben, für die die eigenständige Zusammenstellung eines individuellen Programms zu mühsam ist. Sie werden sich weiterhin von den Fernsehsendern „berieseln" lassen. Wer werden diese Zuschauer sein? Es fällt nicht schwer zu vermuten, dass die sogenannten „bildungsfernen" Zuschauer dazu gehören. Und die Generationen, die aus reiner Gewohnheit noch dem alten System anhängen.

Auf der anderen Seite wird es Zuschauer geben, die zwar grundsätzlich bereit sind, sich aktiv ihr Programm zusammenzustellen, aber zu bestimmten Zeiten diese Energie nicht wirklich aufbringen können oder wollen. Der anstrengende Alltag weckt vielleicht das Bedürfnis, auf ein bestehendes Angebot zurückzugreifen. In diesem Fall werden sie dann wahrscheinlich den Fernseher einschalten.

Im Jahr 2025 ist das klassische Fernsehen fast vollständig ein Nebenbei-Medium. Eine ähnliche Entwicklung hat es schon einmal gegeben. Das Radio konnte (weil es nur einen Sinneskanal beansprucht) zwar schon immer gut neben anderen Tätigkeiten genossen werden, aber noch in den siebziger Jahren sendeten die (öffentlich-rechtlichen) Sender anspruchsvolle

Hörspiele und Features. Diese gibt es auch heute noch (z.B. auf Deutschlandfunk und anderen öffentlich-rechtlichen Sendern), aber die Mehrzahl der Hörer konsumiert Radio im Auto, bei der Arbeit oder bei anderen Tätigkeiten. Radio läuft nebenbei und wird nicht mehr als eigenständiges Nutzungsobjekt wahrgenommen.

Ein ähnliches Schicksal wird dem linearen Fernsehen nicht erspart bleiben. Dies tritt schon heute in den Sendungen zutage, die vor 18 Uhr ausgestrahlt werden. Das sogenannte *Bügelfernsehen* (das seinen Namen erhalten hat, weil der Zuschauer der Handlung auch allein über den Dialog folgen und nebenbei etwas anderes erledigen kann z.B. bügeln) bestimmt den Tagesablauf bis in den Abend hinein. Dies hat erzählerische Konsequenzen. Die Sendungen müssen auch ohne Bilder verstanden werden. Es gilt also, alle wichtigen Informationen auf der Sprachebene zu vermitteln. Und da naturgegeben die Konzentration und Aufmerksamkeit nicht besonders hoch ist, sind keine komplexen Figuren und Erzählungen möglich. Da auf der anderen Seite nicht sehr viele Zuschauer das Programm verfolgen, müssen die Sendungen kostengünstig hergestellt werden. Dies hat bei den privaten Sendern wirtschaftliche Gründe. Das Programm bis in den Abend hinein wird in den kommenden Jahren, da der Druck weiter zunehmen wird, noch kostengünstiger hergestellt werden müssen. Dies wird sich auf die Qualität des Erzählens und der Produktion auswirken. Der Teufelskreis beginnt. Denn wo die Qualität sinkt, werden auch die Zuschauer noch weniger Aufmerksamkeit für das Programm aufbringen.

Was aber geschieht am Abend, der eigentlichen Domäne des fiktionalen Erzählens?

Dem abendlichen Fernsehen wird das gleiche Schicksal widerfahren wie dem vorabendlichen. Wer im Jahr 2020 am Abend fernsieht, will entspannen und keinen komplexen Geschichten folgen müssen. Die Zuschauer, die anspruchsvollen Filmen folgen wollen, werden das auf andere Art und Weise tun – sie werden streamen. Wer die Wahl hat zwischen 50.000 Filmen, mit denen er jederzeit beginnen kann oder einem Film, dessen

Anfangszeit fremdbestimmt ist (und den er auch nicht unterbrechen kann, der aber eventuell mehrmals von Werbung unterbrochen wird), wird sich für sein eigenes Programm entscheiden. Selbst wenn das Angebot im Fernsehen attraktiv ist, wird es schon am nächsten Tag in der Mediathek zur Verfügung stehen.

Die Schere wird sich immer weiter öffnen. Heutzutage finden anspruchsvolle (d.h. komplexe) Erzählungen im linearen Fernsehen durchaus noch ihre Zuschauer. Dies hat viel mit Gewohnheiten zu tun. Man stelle sich einmal vor, Streaming wäre zuerst erfunden worden. Fünfzig Jahre wären die Zuschauer gewohnt gewesen, über ihre Sendungen selbst entscheiden zu können. Und nun würde das lineare Fernsehen eingeführt werden. Wer würde sich auf diese Beschränkung noch einlassen?

Die Gewohnheit betrifft nur diejenigen, die tatsächlich mehr als 15 Jahre mit dem linearen Fernsehen leben mussten. Die jüngere Generation hat sich anders entschieden. Sie schaut Filme, wann und wo sie will. Es ist kein Zufall, dass der Jugendkanal von ARD und ZDF kein lineares Programm mehr produziert und seine Sendungen auf verschiedenen Plattformen anbietet.

Es wird nicht einmal zehn Jahre dauern, bis sich Streaming vollständig durchgesetzt haben wird. 1886 gilt als Jahr, in dem Carl Benz das Automobil einführte. Ungefähr 25 Jahre später setzte die Massenproduktion des Autos durch Henry Ford ein und die Pferdekutsche war Geschichte. Revolutionäre technische Veränderungen setzen sich sehr schnell durch. Eine beliebte hinterhältige Frage heutzutage lautet, welche App bei der Fußball-Weltmeisterschaft in Deutschland die am häufigsten genutzte war. Die Antwort erstaunt die meisten. Damals (im Jahr 2006) gab es noch keine Apps, weil es noch kein iPhone gab. Das wurde erst 2007 eingeführt. Uns kommt es wie eine Ewigkeit vor, weil wir uns die Zeit vor der Einführung des iPhones kaum noch vorstellen können.

## FERNSEHEN – ES ZUCKT NOCH

Wird es in der Zukunft kein Fernsehen mehr geben?

Natürlich wird es auch im Jahr 2025 in vielen Haushalten noch ein sogenanntes *Fernsehgerät* geben. Es wird auch noch die ARD, das ZDF und die privaten Sender in Deutschland geben, die ihr Programm linear ausstrahlen. Allerdings wird sich die wirtschaftliche Seite für die Zuschauer geändert haben.

Die privaten Sendergruppen ProSieben, Sat.1 und RTL haben sich dem Bundeskartellamt gegenüber verpflichtet, bis 2022 ihre Programme in der Standard-Auflösung ohne Verschlüsselung, also kostenfrei, zu übertragen. Aber was folgt danach? Die HD-Ausstrahlung ist schon heute eine lukrative Einnahmequelle. Zuschauer mit Satelliten-Empfang müssen jährlich 60 Euro für den HD-Empfang der Privatsender bezahlen. Ab Frühjahr 2017 gilt das auch für das sogenannte DVB-T2-Antennenfernsehen. Ab 2022 werden die Sender kaum auf diese Einnahmen verzichten, vielleicht werden sie sogar diese Umsätze steigern wollen. Das bedeutet für den Zuschauer, dass auch die privaten Sender zu einem Pay-TV werden (was sie für viele Zuschauer heutzutage schon sind).

Warum wird das lineare Fernsehen aber weiterhin auf dem Markt sein? Es wird immer Sendungen geben, die nur live ausgestrahlt sinnvoll sind. Sportveranstaltungen, wie z.B. Fußballspiele, finden zu einer festgelegten Zeit statt. Sie sind einmalig und das Vergnügen besteht darin, sie sehr zeitnah, am besten live, zu verfolgen. Diese Sendungen werden für das Fernsehen zum Alleinstellungsmerkmal. Singuläre Ereignisse, deren Reiz in ihrer Visualität besteht, erschaffen Momente, in denen Fernsehen seine Stärken ausspielen kann.

Das klassische Fernsehen hat diese Events jahrzehntelang zusätzlich selbst erzeugt, indem es Shows etabliert hat, die einen ähnlichen Charakter aufwiesen (WETTEN, DASS..? etc.) Die Sender werden in Zukunft noch stärker versuchen solche Events selbst zu kreieren, denn die Rechte an wirklichen großen Veranstaltungen (Olympiade, Weltmeisterschaften etc.) werden immer teurer. Die Rechte der Olympiaden nach 2018 sind in Europa schon an den amerikanischen Konzern Discovery gegangen und werden nicht mehr über ARD und ZDF ausgestrahlt. So ist auch bei solchen Live-Events die Chance groß, dass sie nicht mehr über klassische Fernsehsender ausgestrahlt werden, was die traditionellen Anbieter weiter marginalisieren wird. Darum gibt es schon jetzt eine zunehmende Zahl von Castingshows und anderen gleichartigen Sendungen. Die Sender können ihre eigene Marke erschaffen und frei entscheiden, wann und wie häufig ihre Programme ausgestrahlt werden. Das Fernsehen im Jahr 2020 wird noch mehr als heute von Shows geprägt sein. Es bleibt abzuwarten, welche neue Kategorie von Shows dann über die Bildschirme flimmert. Denn jede Welle hat eine Halbwertzeit von ca. zehn Jahren. Es ist kaum anzunehmen, dass im Jahr 2020 immer noch Castingshows den Erfolg haben, der ihnen heute vergönnt ist.

Allerdings wird diesen Sendungen (da es so viele Sender und andere Angebote gibt) der *Lagerfeuereffekt* fehlen. Früher boten sie den Hauptgesprächsstoff des darauffolgenden Tages und wer die Sendung nicht gesehen hatte, war von den Unterhaltungen auf dem Schulhof und in der Büroküche ausgeschlossen. Nur noch wenige Ereignisse erreichen dieses Massenpublikum. Trotzdem werden die klassischen Anbieter versuchen, Ereignisse zu produzieren, über die in den sozialen Medien gesprochen wird. Shows wie DEUTSCHLAND SUCHT DEN SUPERSTAR, GERMANY'S NEXT TOPMODEL und ICH BIN EIN STAR HOLT MICH HIER RAUS werden in neuem Gewand die Domäne der Fernsehsender der Zukunft sein.

Daneben wird es auch weiterhin fiktionale oder zumindest halbfiktionale Programme geben. Sie werden allerdings billige Produktionen sein, die den Erwartungen der Zuschauer, die tatsächlich noch vor dem Fernsehapparat sitzen, entsprechen. Nachdenken wird unerwünscht sein.

Als Hinweis auf den künftigen Umgang mit fiktionalen Stoffen könnte das Programm von RTL dienen, das der Sender schon heute an einem beliebigen Wochentag ausstrahlt: Der BLAULICHT REPORT (aufregende

Geschichten aus dem Berufsalltag von Polizisten, Sanitätern und Notärzten), VERDACHTSFÄLLE (zeigt, was passiert, wenn eine unerwartete Situation zu einer realen Bedrohung für das eigene und das Leben seiner Lieben wird), Betrugsfälle (zeigt, welche Folgen bewusste Täuschung hat und wie Menschen um die Wahrheit kämpfen), UNTER UNS (Daily Soap seit 1994), ALLES WAS ZÄHLT (Daily Soap seit 2006), GUTE ZEITEN, SCHLECHTE ZEITEN (Daily Soap seit 1992), CSI: VEGAS und CSI: MIAMI.

Bis auf die amerikanischen Formate zeigt RTL ausschließlich billig hergestellte Produktionen, bei denen die erzählerische Originalität nicht im Vordergrund steht.

Wird sich daran im Jahr 2020 etwas geändert haben? Werden ARD und ZDF ein anderes Programm anbieten? Eher im Gegenteil, denn die Zuschauer, die die beiden Sender überhaupt noch kennen, werden älter und weniger.

## THE FUTURE OF TV IS APPS

Im September 2015 veranstaltete Apple eine seiner bekannten Keynotes. Der CEO des wertvollsten Unternehmens der Welt, Tim Cook, kündigte in gewohnter Weise eine neue Revolution an: *„The Future of TV is Apps.“*

Er stellte richtigerweise fest, dass sich das Prinzip des TVs seit seinem Bestehen nicht geändert hat. Fernsehen wurde nach Sendern organisiert. Was die Handywelt in den letzten Jahren verändert hat, wird, so Cook, nun auch im TV Einzug halten. Das Fernsehen wird von Apps bestimmt und nicht mehr von Sendern.

Wozu wird diese einfache und auch tatsächlich revolutionäre Veränderung führen? Früher war es finanziell und gesetzlich sehr schwer einen Sender aufzubauen, den die Zuschauer auf ihrem TV-Gerät empfangen konnten. Diese Möglichkeit blieb nur wenigen vergönnt. Wenn aber die Zukunft des TVs tatsächlich Apps sind, dann wird dies einfacher, wenn nicht sogar fast jedem möglich.

Auch hier hilft ein Blick auf eine schon existierende Entwicklung. Genau wie beim Fernsehen war es früher in Deutschland nur den öffentlich-rechtlichen Sendern möglich, Radioprogramme auszustrahlen. (Sieht man einmal von den sogenannten Piratensendern ab, die sich auf Booten in internationalen Gewässern befanden und von dort aus über den Äther ihre Sendungen ausstrahlten.) Erst in den 80er Jahren kamen private Anbieter dazu.

Seit mehr als fünfzehn Jahren werden nun aber auch millionenfach Podcasts gehört. Diese Sendungen stellen die Anbieter (zumeist als Audioproduktion) auf ihren Internetseiten zur Verfügung. Apple und andere Anbieter begannen schließlich, Podcasts als sogenannte „Aggregatoren“ zu sammeln und den Nutzern in Form von Abonnements anzubieten. Diese werden automatisch auf ein Abspielgerät übertragen und sind jederzeit abrufbar. Früher wurde hierfür der iPod genutzt, von dem sich auch der Name ableitet. „Podcast“ ist eine Mischung aus „iPod“ und „Broadcast“.

Heutzutage landet die Sendung nicht mehr auf dem MP3-Spieler, sondern automatisch auf dem Smartphone.

Die Produktion und der Vertrieb eines Podcasts sind jedem möglich. Und tatsächlich wird dieses neue Medium auch sehr intensiv genutzt. Im Jahr 2014 wurde in Amerika die Sendung SERIAL produziert und mehr als 80 Millionen mal heruntergeladen (bis Februar 2016). In 12 Episoden untersucht die Sendung den Mord an einer jungen Schülerin in Baltimore, für den ihr Freund seit 14 Jahren im Gefängnis sitzt. Erzählerisch innovativ und dem investigativen Journalismus verpflichtet, baut die Sendung eine Spannung auf, die ihresgleichen sucht.

Podcasts werden auf anderen Geräten als das Radioprogramm gehört und konkurrieren dadurch nicht einmal direkt mit dem klassischen Radio. Diese Sendungen, die Radio auf Abruf darstellen, werden in den meisten Fällen auf dem Smartphone (oder dem iPod) oder über die Lautsprecher des heimischen Computers gehört.

Wenn aber das Fernsehgerät, das dem Zuschauer die Sender ins Haus bringt, nun auch Apps zur Verfügung stellt, dann wird sich das Nutzerverhalten ändern. Dies ist schon jetzt bei den meisten neuen Fernsehgeräten deutlich. Die Smart-TVs basieren bereits auf dem Prinzip der Apps. Allerdings werden diese oft vom Gerätehersteller vorgeschrieben. Wenn nun (wie z.B. beim Apple TV oder dem Amazon Fire TV Stick) jeder eine App programmieren kann, dann wird es in wenigen Jahren auf dem Fernsehgerät so aussehen, wie auf dem Smartphone. Apps werden das Bild bestimmen.

Schon heute gibt es auf den entsprechenden Geräten Apps von unabhängigen Anbietern. Ein Beispiel: TED ist eine unabhängige Institution, die in der ganzen Welt Vorträge zu unterschiedlichen Themen organisiert und durch Teilnahmegebühren finanziert wird. In inspirierenden Präsentationen dozieren Experten zu den neuesten medizinischen Erkenntnissen oder auch zu der Frage, warum die Menschheit das Geschichtenerzählen zum Überleben benötigt. Schon heute bietet TED eine App, mit der der Zuschauer Zugriff auf hunderte Vorträge hat. Wer also auf diese Art und Weise seinen Abend verbringen will, kann sich mehrere, meist kurze Präsentationen anschauen.

So werden im Jahr 2020 auf den im Wohnzimmer angebrachten Fernsehbildschirmen die Logos vieler unabhängiger Anbieter zu sehen sein, die zu den unterschiedlichsten Themen Sendungen anbieten. Vom Hundefreund bis zum Hobbykoch wird sich jeder Zuschauer sein eigenes Portfolio an Apps für das Fernsehgerät zusammengestellt haben.

Und auch Live-Events können bequemer und mit mehr Möglichkeiten als App genutzt werden. So hat die amerikanische Football League (NFL) eine App, die auf unterschiedlichen Plattformen nutzbar ist. Dort können die Nutzer über ein Abonnement alle Spiele einer Saison kaufen. Während eines Spieltags haben die Zuschauer die Gelegenheit, ihr Programm selbst zu bestimmen. Sie können von Spiel zu Spiel springen, sich zwei Partien parallel anschauen oder sich auch jederzeit Zusatzinformationen einblenden lassen. Wer will sich schon noch an die fremdbestimmte Vorgabe der Sender halten, wenn der Nutzer seinem Lieblingsverein folgen kann, wann und wie er will?

Natürlich sind die existierenden Sender finanzstark und verfügen über genügend Erfahrung, um auch hier eine gewichtige Rolle zu spielen. Aber sie werden sich einer neuen Konkurrenz stellen müssen und dabei weiter marginalisiert.

## NETFLIX, AMAZON & CO.

Streaming bedeutet letztendlich, dass das audiovisuelle Werk den Nutzer über das Internet erreicht. Dies allein sagt noch nicht viel aus, denn auch altes, lineares Fernsehen kann durch das Internet übertragen werden. Das sogenannte *Video-on-Demand* allerdings bietet den einzigartigen Vorteil, dass das Werk ständig bereitgehalten wird und dadurch für den Nutzer zu jeder Zeit abrufbar ist. Am meisten genutzt wird dies bei YouTube.

Hinzu kamen in den letzten Jahren auch sogenannte Subscription-Video-on-Demand (SVoD) Dienste. Diese bieten ein Abo-Modell mit einem festgelegten Angebot an, das uneingeschränkt abgerufen werden kann.

In Amerika sind derzeit die beliebtesten Anbieter Netflix und Amazon. Aber auch Hulu und HBO bieten neuerdings diesen Service an. So haben in den USA im Juli 2016 laut einer Studie[1] 59 Prozent der Haushalte ein Abonnement eines SVoD-Anbieters. Jeder zweite SVoD-Haushalt (47 Prozent) begnügt sich dabei nicht nur mit einem Streaming-Dienst.

Auf der anderen Seite stehen Anbieter wie iTunes, die ebenfalls streamen, bei denen der Zuschauer aber für jedes Werk einzeln bezahlt. Er kann die Filme kaufen oder nur für ein oder zwei Tage mieten.

SVoD besitzt einen für Anbieter unschlagbaren Vorteil. Während klassische Fernsehsender nur quantitativ bestimmen können, wie viele Menschen ihre Sendungen gesehen haben, wissen diese Dienste, was jeder Zuschauer wann, wo und wie lange schaut. Sie kennen also den Geschmack jedes einzelnen Nutzers. Insofern ist es ihnen möglich zu bestimmen, welche Schauspieler, welche Handlungen und welcher Look bei welchen Nutzern gut ankommen. Dies ermöglicht ihnen auch, auf die Zuschauer zugeschnittene Filme anzubieten. Und genau dies ist einer der großen Unterschiede zum klassischen Fernsehen. Das klassische Fernsehen

1 Leichtman Research Group, Inc. (LRG): Press Releases, July 20, 2016.

versucht mit allen Sendungen ein zahlenmäßig möglichst großes Publikum anzusprechen. Dies führt zu einer „least objectionable" (am wenigsten zu beanstandenden) Programmierung. Es werden also vor allem die Filme produziert und ausgestrahlt, die auf den geringsten Widerstand stoßen.

Netflix verweigert sich aus gutem Grund, Zahlen über die Abrufe seiner Filme und Serien zu veröffentlichen. Warum? Wer einmal bei diesem Rennen mitmacht, hat schon verloren. Denn wer sich durch die Zahlen bestimmen lässt, muss ein Programm machen, das möglichst vielen gefällt.

Die öffentlich-rechtlichen Sender in Deutschland hätten aufgrund ihrer Gebühren-Finanzierung die Chance, sich aus diesem Rennen zu verabschieden, doch haben sie es bisher nicht getan. Es ist allerdings auch nicht anzunehmen, dass sie die Gelegenheit in Zukunft wahrnehmen. Im Gegenteil, ARD und ZDF legen die Quote als Überlebensmaßstab an. Sie versuchen die magischen zehn Prozent unter keinen Umständen zu unterschreiten. Denn dann, so die Angst, würde die Diskussion über die Rundfunkgebühren erst richtig losgehen. Wer mit Angst im Nacken ein Programm gestaltet, wird kein Risiko eingehen und so auch im fiktionalen Bereich auf das Bewährte setzen. Aber eigentlich ist es die (auch in Verordnungen festgeschriebene) Aufgabe der öffentlich-rechtlichen Sender, das Risiko zu wagen. Die privaten Sender können dies aus wirtschaftlichen Gründen nicht, und so besteht die eigentliche Existenzberechtigung aller öffentlich-rechtlichen Sender in Europa darin, das zu tun, was der private Sektor nicht leisten kann.

Streaming-Dienste haben ein anderes Modell als die klassischen Sender. Ihre Zuschauer abonnieren die Dienste eines Anbieters zu einem monatlichen Preis. Ihre Kunden müssen also bereit und fähig sein, dafür zu zahlen. In Deutschland sind es ähnlich wie in den USA derzeit im Durchschnitt 110 Euro im Jahr. Die Zuschauer werden diesen Preis nur zahlen, wenn sie bei dem jeweiligen Streaming-Dienst etwas bekommen, das sie nirgendwo anders sehen können. Dies sind weniger die eingekauften Spielfilme, die in den Kinos liefen, als vielmehr die eigenproduzierten Sendungen. Aber auch hier werden die Zuschauer nur neugierig, wenn sie das Gefühl haben, etwas Spezielles zu erhalten. Bei den frei empfangbaren linearen Sendern sehen sie Filme, die auf den Massengeschmack zugeschnitten sind. Die Streaming-Provider müssen also etwas anderes bieten. Sie müssen ein sogenanntes *spitzes* Zielpublikum ansprechen.

Je diversifizierter und unübersichtlicher der Markt im Jahr 2020 sein wird, um so mehr gilt es, für die neuen Anbieter Marken aufzubauen. Worüber kann sich aber eine Marke definieren? Nur über eigenproduzierte Sendungen. Den Spielfilm von vor einem Jahr haben sicherlich bald mehr oder weniger alle im Angebot. Dies ist der Grund, warum Netflix und Amazon sehr viel in eigenproduzierte Programme investieren und auch andere Anbieter einsteigen (HBO, Sky etc.). Ökonomisch und künstlerisch sind in diesem Fall Serien ganz klar im Vorteil. Sie binden den Zuschauer für längere Zeit und können eine Marke aufbauen, die auch für das Marketing besser eingesetzt werden kann. Nicht umsonst hat bereits seit einigen Jahren das Zeitalter der Serien eingesetzt. In den USA wurden 2015 doppelt so viele Serien produziert wie im Jahr 2009.

## DAS ZEITALTER DER SERIEN – THE TIMES THEY ARE A-CHANGIN'

Serienformate im linearen Fernsehen waren gezwungen, sich in ein festes Sendeschema zu fügen. Jede Folge muss auf die Sekunde genau die gleiche Länge haben. Dies führt dramaturgisch und erzählerisch zu künstlichen Filmen. Manchmal galt es, die Erzählung etwas auszudehnen und mit eigentlich Unwichtigem auf die richtige Länge zu bringen und manchmal war es notwendig, zu kürzen und Elemente zu streichen. So sagt der TV-Produzent Chuck Lorre (Two and a Half Men, The Big Bang Theory): *„Ich kann gar nicht mehr aufzählen wie oft ich in den vergangenen Jahren gutes Material rausschneiden musste, weil eine Folge zu lang war."* [2]

Serien, die abgerufen werden, müssen sich nicht an dieses strikte Schema halten. So sind z.B. die einzelnen Folgen von House of Cards unterschiedlich lang. Einige haben eine Länge von 49, andere von 59 Minuten. Noch extremer wurde die Podcastserie Serial produziert. Diese Radioshow variierte von 15 bis 56 Minuten. Es war nicht entscheidend, ein vorgegebenes Format zu erfüllen, sondern der Erzählung gerecht zu werden.

In Zukunft werden die Folgen unterschiedlich lang sein. Da die Provider ein Interesse daran haben, die Zuschauer an sich zu binden, sorgen sie schon heute dafür, dass die Wartepausen zwischen dem Ende der einen Folge und dem Erscheinen der nächsten kurz sind. Daraus ergibt sich, dass eine Staffel auch als zehn Stunden langer Film ausgestrahlt werden könnte. Die Einteilung in Folgen bietet dem Zuschauer mehrere Ausstiegsmöglichkeiten. Kaum ein Zuschauer wird sich tatsächlich zehn Stunden House of Cards an einem Stück anschauen wollen.

Den Ansatz, Serien nicht mehr durch einzelne Folgen zu definieren, wird das horizontale Erzählen noch weiter forcieren. Serien werden von vornherein als zehn-, acht- oder zwölfstündiger Film konzipiert.

2 Lückerath, Thomas: Chuck Lorre scherzt über den Untergang des Fernsehens. In: DWDL.de, 19. April 2016.

Dies hat weitreichende Folgen für das Geschichtenerzählen. Denn es wird automatisch komplexer. Diese Zunahme an Komplexität lässt sich an neun inhaltlichen und dramaturgischen Neuerungen festmachen, die die amerikanischen Serien schon heute prägen. Im Jahr 2020 werden diese Punkte gemeinsam mit neuen Formaten und Ideen das Bild der Serien weiterhin bestimmen, denn noch ist hier das Ende der künstlerischen Kreativität nicht erreicht.

### 1. Grosses Ensemble an Figuren

Streaming-Serien können ein vielschichtiges Ensemble an Figuren entwerfen. Schon heute haben horizontal erzählte Serien der amerikanischen Kabelsender (HBO etc.) ein großes Portfolio an Figuren. Mad Men erzählt durchschnittlich von sieben Figuren und ihren Geschichten. Game of Thrones ist bekannt für sein ausuferndes Ensemble. Natürlich bedarf es eines Zusammenhangs zwischen den erzählten Figuren. In den meisten Fällen werden sie entweder als Familie (im weitesten Sinne) oder durch sogenannte *Working Places* (Serien, die am Arbeitsplatz spielen) verbunden sein. Aber auch in Bezug auf das Thema sind alle Figuren auf einen Fokus zentriert.

Die Streaming-Serie kann sich allen Figuren ausführlich widmen. Dies bietet gleichzeitig auch die Möglichkeit, unterschiedliche Identifikationsfiguren anzubieten. Die Figuren können differenzierter gestaltet werden. In einem Kinofilm hat eine wichtige Nebenfigur möglicherweise 20 Minuten Zeit sich zu entfalten, in einer Streaming-Serie werden es vielleicht 200 Minuten (pro Staffel) sein. So ist es auch leichter möglich, eine Figur sterben oder verschwinden zu lassen. Dies erhöht die erzählerische Freiheit und die Spannung für die Zuschauer.

Es wird auch in diesen Serien sicherlich noch Protagonisten geben (wie Don Draper), aber die anderen Figuren erhalten einen Raum, den bisher nur Hauptfiguren hatten. Dadurch können Stoffentscheidungen anders getroffen werden. Ein kompliziertes (eventuell historisches) Sujet lässt sich in manchen Fällen leichter erzählen, wenn die Autoren sich nicht allein auf die Hauptperson beschränken müssen.

### 2. Vielzahl von Handlungssträngen

Die Serie der Zukunft wird komplexer werden. Dies wird sich auch auf die Quantität und Qualität der einzelnen Handlungsstränge auswirken. Bisher waren Serien durch einen sogenannten A-Plot und einen B- und C-Plot gekennzeichnet, wobei der A-Plot die Haupthandlung mit der Hauptfigur markierte und die anderen Plots die Nebenhandlungen erzählten. In Zukunft wird es oft genug auch noch einen D-, E-, F- und G-Plot geben. In der dänisch-schwedischen Serie Die Brücke – Transit in den Tod wird in der 3. Staffel die Ermittlungsarbeit der Kommissarin Saga Norén in den Fokus gestellt. Sie ermittelt im Fall eines Serienmörders. Gleichzeitig werden aber bis zu acht Nebenhandlungen ausführlich erzählt.

In der Amazon-Serie The Man in the High Castle werden nicht nur sehr viele unterschiedliche Handlungsstränge, sondern auch Handlungsorte integriert. Dies verlangt vom Zuschauer eine hohe Aufmerksamkeit und ist insofern typisch für die Serien der Zukunft. Schon oft sind die neuen Serien mit großen Romanen verglichen worden. Der Grund dafür liegt vor allem auch an der Anzahl und der ausufernden Erzählweise der Geschichten.

Für die Anbieter hat es den Vorteil, dass sie Spannung auf unterschiedlichen Ebenen erzeugen können. Bei den Zuschauern entsteht der Wunsch, weiterzuschauen, anstatt es bei einer Folge zu belassen und die nächste eventuell erst viel später zu sehen. Je komplexer eine Serie ist, desto schwerer wird es, sie nur einmal die Woche zu rezipieren. Das sogenannte *Binge-Watching* ist auch aus diesem Grund in Mode gekommen.

### 3. Ambivalente Figuren

Die Anbieter des 21. Jahrhunderts können und müssen nicht nur in Bezug auf die Geschichten Neues bieten, sie finden auch schon seit 15 Jahren einen anderen Zugang zu den Figuren. Serien und Fernsehfilme der klassischen Sender stellten fast ausschließlich sympathische Figuren in den Mittelpunkt ihrer Geschichten. So schien die Möglichkeit der Identifikation leichter garantiert. Aber auch was die Figuren betrifft erwartet das anspruchsvolle Publikum ambivalente und dadurch interessantere Lösungen. Der Kabelanbieter HBO war der erste, der diesen Ansatz zum Programm erhob. Tony Soprano war ein mordender, betrügerischer Mafiaboss. Für klassische Fernsehsender schien es undenkbar, eine solche Figur in den Fokus einer Serie zu stellen. Aber genau dies war es, was die Macher von THE SOPRANOS interessierte. Bei HBO sollten die Zuschauer sehen können, was sie sonst nur aus dem Kino kannten. Jedoch im klassischen Format des Fernsehens – der Serie.

Das Risiko machte sich bezahlt. THE SOPRANOS gilt als Meilenstein der Filmgeschichte. Es war der Beginn einer ganzen Reihe von Figuren, die seitdem mordend (DEXTER) oder Drogen kochend (BREAKING BAD) den Bildschirm bevölkern. Für die Zuschauer bedeutet dies eine Herausforderung, denn sie müssen sich aktiv mit den Protagonisten auseinandersetzen. Sie werden gezwungen, sich moralisch zu positionieren. Kann ich damit leben, dass Francis Underwood in HOUSE OF CARDS enge Bezugspersonen kaltblütig umbringt?

Natürlich sprechen diese Serien kein sehr großes Publikum an. Das wollen sie auch gar nicht. Es sind Geschichten für das anspruchsvolle Publikum, das Originalität in den Vordergrund stellt. Bisher waren diese Zuschauer in Amerika auf das Kino angewiesen. Nun kommen die Geschichten zu ihnen nach Hause und dann auch noch über Dutzende von Stunden. Diese Tendenz wird sich noch weiter verstärken, denn die Grenzen sind noch nicht ausgeschöpft. Denn Aufmerksamkeit erzeugt nur, wer sich von den anderen unterscheidet.

### 4. Genrevielfalt

Das Prinzip der Streaming-Dienste ist es, vielfältige Zielgruppen anzusprechen. Im Gegensatz zu den klassischen Fernsehsendern, die bei jeder einzelnen Sendung versuchen ein möglichst breites Publikum für sich zu gewinnen.

Dass die Streaming-Anbieter nicht mehr mit jedem Produkt möglichst viele Zuschauer erreichen wollen, bedeutet, dass nur eine bestimmte Zielgruppe mit der jeweiligen Serie angesprochen werden kann und soll. Dies aber in hoher Qualität.

THE WALKING DEAD ist eine Horrorserie, die seit 2010 von dem amerikanischen Kabelsender AMC ausgestrahlt wird. Sie spricht naturgemäß nicht alle Zuschauer an, sondern in erster Linie nur die Fans des Genres. Diese haben schon viele Horrorfilme gesehen und kennen sich mit dem Format aus. Sie erwarten etwas Besonderes in hoher Qualität, etwas, das sie bisher noch nicht gesehen haben. Der Sender muss diese Zuschauer zielgenau ansprechen, damit sie die Serie schauen und anschließend – das ist das Entscheidende – darüber in ihrem Umfeld berichten. Was früher der Kollegenkreis war, sind heute die sozialen Netzwerke und das Internet insgesamt. Serien müssen ein „Buzz", also eine Begeisterung, auslösen, die weiter kommuniziert wird. Diese Faszination kann aber bei den Fans nur mit etwas Einzigartigem und auch Neuartigem erzeugt werden, das die Grenzen des Gewohnten sprengt.

Streaming-Dienste setzen auf eine möglichst große Genrevielfalt. Darum werden die neuen Anbieter viele Genres bedienen, vor allem solche, die es bisher noch nicht auf den Bildschirm geschafft haben. Sie werden auch neue Genres schaffen, in denen sie alte, bekannte Genres mischen.

Die Zeit der klassischen Krankenhausserien und der eindimensionalen Krimis ist vorbei.

### 5. Kontroverse Themen

Wenn es nicht mehr darum geht, ein möglichst breites Publikum anzusprechen, sondern wenn der Gewinn in der Vielfalt liegt, dann werden auch Themen produziert, die im ersten Moment nur ein kleines Publikum interessiert.

Im Jahr 2014 zeigte Amazon die erste Staffel der Serie TRANSPARENT. Die zehn Folgen drehen sich um die Familie Pfefferman aus Los Angeles. Der

Vater Mort war bis vor kurzem als Professor der Politologie tätig und alles verlief in scheinbar sicheren Bahnen. Das Leben der Familie ändert sich, als Mort sich als transsexuell outet und beschließt, als Frau mit dem Namen Maura weiterzuleben. (Daher auch der Titel: Trans-Parent). Die Serie kreist um das Thema Sexualität und die Probleme, die jedes Familienmitglied damit hat. Kein Sujet, das sofort auf ein großes Mainstream-Publikum schielt. Und so ist das Werk von Jill Soloway auch produziert worden: offen und ohne Rücksicht auf Befindlichkeiten. Im Jahr 2015 wurde TRANSPARENT mit zwei Golden Globes in den Kategorien *„Beste Serie – Komödie oder Musical“* und *„Bester Serien-Hauptdarsteller – Komödie oder Musical“* ausgezeichnet.

Es ist eines der Prinzipien der Streaming-Provider, dass sie ihre Geschichten radikal und durchaus kontrovers entwickeln, um das richtige Publikum anzusprechen. Wenn das Publikum die Qualität erkennt, wird über die Serie gesprochen. Im Falle von TRANSPARENT verbreitete sich die Kunde von der Qualität der Serie über Mundpropaganda und sorgte so für weitere Zuschauer. Die Emmys und Golden Globes taten ihr Übriges.

Auch die Serie GRACE AND FRANKIE basiert auf einer extremen Grundidee. Die langjährigen Ehegatten von Grace und Frankie, Robert und Sol, eröffnen ihren Frauen bei einem gemeinsamen Essen, dass sie seit zwei Jahrzehnten nicht nur eine Anwaltskanzlei, sondern auch eine gleichgeschlechtliche Liebesbeziehung miteinander führen. Die beiden Männer wollen nun heiraten und sich von ihren Frauen scheiden lassen.

In den kommenden Jahren wird einer der Ansätze der Streaming-Anbieter sein, dass sie weiter radikal und kontrovers Themen aufgreifen – nicht um zu provozieren –, sondern um gesellschaftliche Trends und Entwicklungen aufzunehmen und auszuloten.

### 6. Nonlineares Erzählen

Filmische Geschichten werden hauptsächlich linear erzählt. Im Spielfilm arbeiten Autoren, wenn es die Erzählung notwendig macht, mit Rückblenden, die den Fluss der Handlung unterbrechen. In der klassischen Serie, die sich mit jeder Folge einem neuen Fall widmet, ist es schwieriger mit Rückblenden zu arbeiten, denn sie können sich im Allgemeinen nur auf den Fall beziehen: in einem Krimi auf die Vorgeschichte der Tat oder in einer Krankenhausserie auf die Vergangenheit des Patienten.

Seit zehn Jahren ist das nonlineare Geschichtenerzählen (zumindest in den USA) auch in populären Fernsehserien angekommen. Das horizontale Erzählen macht es möglich, dass Rückblenden sich auch auf die Hauptfigur beziehen.

TRANSPARENT erzählt in Rückblenden aus der Vorgeschichte der Transgender-Hauptfigur Maura Pfefferman (damals noch Mort). Sie führt dabei von Los Angeles bis ins Berlin der zwanziger Jahre zurück und erzählt die Erlebnisse von Mauras Eltern und Großeltern.

Gleichzeitig sind auch sogenannte *Flash-forward* Szenen Teil des filmischen Erzählens in Serien. So ist das dramaturgische Prinzip von DAMAGES, dass der Zuschauer im Verlauf der Handlung immer wieder Momente sieht, die sich eigentlich erst am Ende abspielen. Die Hauptfigur Ellen Parsons wird darin eines Mordes beschuldigt, des Mordes an ihrem Verlobten. Die gegenwärtige Handlung nähert sich immer mehr dieser ungeheuren Tat an. Die Zuschauer stellen sich die Frage, wie es dazu kam und was dahinter steckt.

Das gleiche Prinzip haben die Autoren von DAMAGES auch bei ihrer nächsten Serie BLOODLINE angewandt. Auch hier brechen sie immer wieder mit dem linearen Fluss und zeigen vorab Szenen vom Ende der ersten Staffel. Auch hier entsteht die Spannung aus der Frage, was passieren wird.

Wie schon bei Rückblenden machen die *Flash-forward* Szenen für den Zuschauer noch deutlicher, dass es einen Erzähler gibt, der das Geschehen anordnet und darüber bestimmt, was der Zuschauer zu sehen bekommt.

Serien wie DAMAGES, BLOODLINE oder auch TRANSPARENT sind einerseits ein deutliches Zeichen für die wachsende Akzeptanz gegenüber dieser Erzählform und führen andererseits dazu, dass sie sich noch weiter verbreiten wird.

### 7. Formale Experimente

Im Jahr 2008 strahlte der Kabelsender HBO die Adaption einer israelischen Serie aus. Das Besondere war aber nicht nur der Inhalt, sondern auch die Platzierung. In Treatment erzählt in jeder Folge à 25 Minuten von einer einzigen Sitzung eines Psychotherapeuten mit einem seiner Patienten. Die gesamte Folge dreht sich um das Gespräch zwischen Paul Weston (gespielt von Gabriel Byrne) mit einer Klientin oder einem Klienten. Ein radikaler Ansatz. HBO strahlte die erste Folge, in der Weston an einem Montag mit der jungen Laura seine Sitzung abhält, auch an einem Montag aus. Die nächste Folge, deren Sitzung in der Serie an einem Dienstag abgehalten wird, wurde am Dienstag ausgestrahlt. Dieses Prinzip hielten die Macher der Serie bis zum Freitag durch. Am Freitag allerdings geht Weston zu seiner Supervision und kann sich noch einmal mit all seinen Patienten und seinen eigenen Problemen beschäftigen. Dieser Aufbau setzte sich über die gesamte Staffel fort. In Treatment war ein konsequentes Experiment, das Inhalt und Form in Beziehung brachte.

Die Autoren von In Treatment schufen im Jahr 2014 eine neue Serie, die ebenfalls spielerisch mit den Möglichkeiten einer Serie umging. The Affair erzählt die Geschichte eines Familienvaters, der während eines Urlaubs auf der unweit von New York gelegenen Halbinsel Hamptons eine Affäre mit der Kellnerin eines Diners eingeht. Der Zuschauer erlebt in der ersten Hälfte jeder einstündigen Folge die aufregende neue Beziehung aus der Perspektive von Noah, der aus seiner anstrengenden und beklemmenden Lebenssituation ausbrechen will. In der zweiten Hälfte wird dieselbe Geschichte aus der Perspektive von Alison, der Geliebten von Noah, erzählt.

Über zehn Folgen hinweg erlebt der Zuschauer immer wieder zwei Perspektiven, die tatsächlich aber sehr unterschiedlich sind. Während in Noahs Erzählung er der Verführte ist, stellt es sich aus Alisons Blickwinkel ganz anders dar. Hier ist sie die Verführte. Auch ist sie in ihrer Erzählung unsicherer und gar nicht mehr die Selbstsichere, als die Noah sie beschreibt.

Ein packender formaler Ansatz, der zu einer komplexen Erzählung führt.

Im Kinofilm hat es schon immer spielerische neue Experimente gegeben. Die Serie ist nun zum ersten Mal in größerem Maße offen für das Ausprobieren von neuen Wegen. Die nächsten Jahre werden sicherlich noch viele ungewöhnliche Ansätze bringen. Der Kreativität werden keine Grenzen gesetzt sein.

Neue Bewegungen haben immer schon zu innovativen Ansätzen geführt. Künstler explorieren, was möglich ist. Doch meist sind gewagte Experimente nur dem Anfang einer Bewegung vorbehalten. Schnell stellt sich heraus, was weiter geführt werden kann und was weniger erfolgreich ist. Wenn erst einmal die Phase der Findung vorbei ist, können sich die erfolgreichen und etablierten Formate durchsetzen.

Dies wird auch längerfristig bei den neuen TV-Serien der Fall sein.

### 8. Serien reagieren auf die Realität

Während einige der neuen Qualitätsserien den Zuschauer in historische oder fantastische Welten entführen, werden in letzter Zeit zunehmend auch Serien geschrieben, die sich mit der aktuellen Realität auseinandersetzen.

Eingebettet in einen politischen Thriller erzählt Homeland in der fünften Staffel von aktuellen Entwicklungen in Europa. Dabei spielen nicht nur Hackerangriffe auf den Geheimdienst eine Rolle, sondern auch die wachsenden Flüchtlingszahlen in Deutschland. Gerade in der Aktualität können das Fernsehen oder die Streaming-Anbieter ihre Stärke ausspielen. Die Produktion eines Kinofilms dauert von der Idee bis zur Premiere im Durchschnitt acht Jahre. Eine klassische Fernsehproduktion braucht von der Idee bis zur Ausstrahlung dagegen nur zwei bis drei Jahre. Und bei Serien (die schon länger laufen) ist die Zeit noch einmal kürzer. Homeland wurde im Sommer in Berlin gedreht und schon im Herbst ausgestrahlt. So war es möglich auf aktuelle Entwicklungen zu reagieren. In der dritten Staffel von House of Cards besucht der fiktive russische Präsident seinen amerikanischen Counterpart Francis Underwood. Während des Dinners zu Ehren des

Staatsgastes haben auch die realen Mitglieder der regierungskritischen russischen Punkrock-Band PUSSY RIOT ihren Auftritt. In der vierten Staffel wird die Wahl zum amerikanischen Präsidenten 2016 direkt in die fiktive Handlung eingebunden. Aber auch der Bürgerkrieg in Syrien spielt eine wichtige Rolle.

So wird reale Politik Teil der Fiktion. Die Macher der Serie treffen damit aber auch eine Aussage. Es bleibt nicht bei einem Showeffekt (wie es bei Auftritten von deutschen Politkern in Daily Soaps vor einigen Jahren der Fall war).

Schon im Jahr 2010 lief in Dänemark die Serie BORGEN, deren Protagonistin die Premierministerin des Landes war. Im Mittelpunkt steht die Arbeit der Politikerin, die über drei Staffeln erzählt wird. Die Handlungen beziehen sich immer wieder auf aktuelle Geschehnisse der dänischen und europäischen Politik. So wurde u.a. der Einsatz der eigenen Truppen in Afghanistan thematisiert. Für die Zuschauer war jederzeit ein direkter Bezug zu ihrer Realität herstellbar. Auch im Ausland lief die Serie äußerst erfolgreich.

Aber nicht nur die direkte Reaktion auf die Realität, sondern auch eine künstlerische Auseinandersetzung mit gesellschaftlichen Entwicklungen wird Teil des seriellen Erzählens werden. Denn dort wo Vielfalt herrscht findet auch solch eine Beschäftigung mit der Gegenwart und Zukunft ihren Raum. Dies darf aber nie nur Selbstzweck sein, sondern muss immer eingebunden werden, in spannende, herausfordernde Geschichten.

## 9. Showrunner

In den USA (und auch in Dänemark) ergibt sich die Qualität der neuen Serien aus einer neuen Form der künstlerischen Verantwortung. Serien werden dort von Autoren ersonnen, entwickelt und verantwortet. Nach der Zusage der Kabelsender oder Streaming-Anbieter haben sie als Showrunner die Entscheidungshoheit. Dabei werden die Stoffe in einem *Writer's Room* entwickelt. In diesem Raum werden von mehreren Autoren unter der Anleitung des Showrunners die weiteren Handlungsstränge erfunden und festgelegt.

Es sind diese Autoren, die die einzelnen Folgen schreiben. Der Showrunner schreibt meist nur eine oder zwei der wichtigen Folgen.

Die Auftraggeber halten sich in den meisten Fällen aus dem Prozess heraus. Ihre Anmerkungen beschränken sich, wenn überhaupt, auf ein Minimum. Sie vertrauen den Künstlern, deren Idee und Konzeption sie zu Beginn überzeugt haben.

Aber nicht nur die Senderverantwortlichen, auch die Regisseure stehen im Dienst der Geschichten, die von den Autoren erschaffen werden. Der Erfinder und Showrunner von MAD MEN, David Weiner, beschreibt es so:

> *„Ich überprüfe jedes einzelne Wort, das in die Serie kommt. Nichts wird ohne meine Beteiligung gedreht. Die Drehbücher werden mehrmals überarbeitet und ich arbeite mit den Autoren in jeder Phase. Ich bin sehr in den Schreibprozess eingebunden. Ich nehme auch an jedem Casting teil. Selbst wenn die Figur nur ein Wort spricht, bin ich beim Vorsprechen dabei. Ich kümmere mich auch um Requisiten, viele werden ja schon in die Skripte rein geschrieben. Ich beteilige mich an der Auswahl der Kostüme. Viele dieser Details werden schon in das Drehbuch hinein geschrieben. Die Bücher sind sehr detailliert: welche Getränke die Leute trinken, wo sie sitzen und so weiter. Dann arbeite ich mit dem Regisseur zusammen. Wir treffen uns, und ich erkläre ihm das Drehbuch Seite für Seite und Wort für Wort. Oft spiele ich es ihm sogar vor – das ist peinlich, aber wahr. Dann auf dem Set komme ich zu den Proben dazu. Es ist immer ein Autor dort. Außerdem bin ich in die Post-Production involviert, beteilige mich intensiv am Schnitt, an der Tonmischung und Farbkorrektur.“* [3]

3 Tobias, Scott: Mad Men creator Matthew Weiner. In: A.V.CLUB vom 27. Juli 2008.

Allein das System der Showrunner (sei es mit oder ohne Writer's Room) garantiert einem Anbieter, dass innovative und homogene Projekte entstehen. Denn es ist die Aufgabe und Profession der Autoren, kreativ zu denken und sich mit künstlerischen und gesellschaftlichen Entwicklungen auseinander zu setzen. Dafür werden sie ausgebildet und dafür werden sie auch bezahlt. Senderverantwortliche werden für andere Dinge angestellt.

Schon heute ist für viele kreative Autoren in den USA die Tätigkeit des Showrunners das erstrebenswerte Ziel schlechthin. Die besten kreativen Geister werden angezogen, und sie werden die Maßstäbe noch weiter nach oben verschieben. Sehr zum Vorteil des Publikums.

## DEUTSCHES FERNSEHEN UND STREAMING IM JAHR 2020

Während in den USA bereits seit mehr als 15 Jahren sogenanntes *Quality TV* produziert wird, sind in Deutschland erzählerisch und inhaltlich innovative Filme oder Serien sehr, sehr selten. Dies wird sich auch im Jahr 2020 nicht geändert haben.

In der Vergangenheit hat es in Deutschland durchaus anspruchsvolle Serien im Fernsehen gegeben. So entstand in den achtziger Jahren die horizontal erzählte Serie HEIMAT, die von den Bewohnern des fiktiven Dorfs Schabbach im Hunsrück erzählt. KIR ROYAL (AUS DEM LEBEN EINES KLATSCHREPORTERS) war 1986 eine sechsteilige Fernsehserie von Helmut Dietl über den Boulevard-Reporter Baby Schimmerlos. Auch andere Serien waren für die damalige Zeit innovativ und herausfordernd.

Die öffentlich-rechtlichen Sender schielten nicht auf die Einschaltquoten, da sie sich nicht durch die Zuschauer (also durch Werbung) finanzierten. Außerdem gab es keine private Konkurrenz. Dies änderte sich gegen Ende des letzten Jahrhunderts, als auch die privaten Sender fiktionales Fernsehen anboten. ARD und ZDF zeigten immer weniger Mut, sich dem Quotendruck zu entziehen, und das deutsche Fernsehen landete dort, wo das amerikanische vierzig Jahre lang stand.

In den letzten 15 Jahren waren es bei den öffentlich-rechtlichen Sendern vor allem einige sogenannte Einzelstücke (Fernsehfilme), die qualitativ herausragten. Zwar bildeten die Masse der Fernsehspiele immer noch Werke wie INGA LINDSTRÖM: LIEBE LEBT WEITER, aber andere Autoren hatten durchaus die Chance, anspruchsvolle und komplexe Erzählungen zu produzieren. Diese grimmepreisverdächtigen Stücke werden auch in Zukunft produziert werden. Zu wichtig sind sie für das Renommee eines Senders, aber sie werden immer mehr die Ausnahme bilden.

Auch die öffentlich-rechtlichen Sender wollten ihren Zuschauern in den letzten Monaten im Serienbereich Quality TV bieten. Das ZDF ging mit BLOCHIN an den Start und gleich auch baden. Der Krimi erzählt die

Geschichte des Kriminalpolizisten Blochin, der den Tod eines Drogendealers aufklären muss. *„Die Serie hat große dramaturgische Mängel, die Krimi-Spannung wird bewusst unterlaufen, der Drama-Plot ist ohne große Tiefe, strukturiert wird das Ganze von Genre-Stereotypen“*, schreibt der Filmkritiker Rainer Tittelbach.[4] So wird es keine Fortsetzung geben, lediglich einen Abschlussfilm, um die Geschichte zu Ende zu erzählen.

Wenig später zeigte das ZDF die mit hohen Erwartungen angekündigte Serie MORGEN HÖR ICH AUF. Im Mittelpunkt steht der Druckereibesitzer Jochen Lehmann (Bastian Pastewka), der in großer finanzieller Not Falschgeld druckt. Die Serie lief mit 13,6 Prozent Quotenanteil gut an, endete aber mit der letzten Folge bei 8,9 Prozent. Sicherlich ist das für den Sender keine gute Vorlage, um eine zweite Staffel zu beauftragen. Angeblich hat das ZDF sich schon davon verabschiedet, horizontal erzählte Serien zu produzieren. Man könnte mit Hans Magnus Enzensberger sagen, das war *„der kurze Sommer der Anarchie“*.

Seit 2015 haben auch die deutschen privaten Sender mit unterschiedlichen Ansätzen versucht, sich den neuen Entwicklungen zu öffnen. So strahlte RTL im Dezember die Serie DEUTSCHLAND 83 aus. Die acht Folgen waren bereits mit großem Erfolg in den USA auf dem kleinen Sender Sundance gelaufen. Der erhoffte Rückenwind aus dem Westen blieb aber aus. Die Quoten waren schlecht und wurden von Sendung zu Sendung niedriger. Bis heute hat sich RTL nicht dazu geäußert, ob es weiter gehen wird. Dies ist aber eher unwahrscheinlich. Anders lief es bei einem Sender, der bisher noch gar nicht durch eigenproduzierte Serien aufgefallen war. Der kleine Anbieter VOX strahlte im Herbst 2015 die Adaption einer spanischen Serie aus. DER CLUB DER ROTEN BÄNDER hatte nach den bisherigen Maßstäben der deutschen Sender alle Voraussetzungen für einen veritablen Flop, doch die Serie fand ihr Publikum und wird in eine zweite Staffel gehen.

---

4 Tittelbach, Rainer: Serie „Blochin – Die Lebenden und die Toten“.

Worin liegt der Erfolg? Die Serie ging ein Risiko ein, denn sie handelt von fünf Jugendlichen, die an Krebs erkrankt zusammen in einem Krankenhaus leben. Gerade dieses mutige Setting, das Erzählen menschlicher Geschichten und Schicksale, bildete die Grundlage für den Zuspruch der Zuschauer bei VOX.

Im gleichen Jahr lief auf dem Pay-TV-Kanal TNT die sechsteilige Serie WEINBERG – IM NEBEL DES SCHWEIGENS. Der Mystery-Thriller war nach ADD A FRIEND die zweite eigenproduzierte TV-Serie des Bezahlsenders in Deutschland. Sie war nominiert für den Deutschen Fernsehpreis 2016 in der Kategorie Beste Serie und gewann den Grimme-Preis. Die horizontal erzählte Geschichte bietet vieles von dem, was amerikanische Serien auszeichnet. Sie bedient ein für Deutschland sehr ungewöhnliches Genre und auch der Ton ist radikal und originell. Im Frühjahr 2017 wird ebenfalls auf TNT die Serie VIER BLOCKS ausgestrahlt. In sechs Folgen wird die Geschichte eines arabischen Clans in Berlin-Neukölln erzählt. Hauptfigur ist der charismatische und ehrgeizige Clan-Anführer Ali Dawud. Ihm ist jedes Mittel recht, um seinen Einfluss zu erhalten und das Familiengeschäft voranzutreiben. Der Geschäftsführer Hannes Heyelmann von TNT erklärt dazu: *„Nach der Dramedy Add a Friend und der mysteriösen Drama-Serie Weinberg wagen wir uns mit Vier Blocks an ein neues Genre und ein komplexes Thema.“* [5] Die Zuschauer dürfen gespannt sein, denn dass die Verantwortlichen Mut zum Genre haben und komplex erzählt wird, weist in die richtige Richtung.

Wo also wird das deutsche Fernsehen inhaltlich im Jahr 2020 oder gar 2025 stehen? Alle bisherigen Erfahrungen haben gezeigt, dass Veränderungen immer nur durch neue Marktteilnehmer und durch Druck von außen kommen. Warum hat sich nach Jahrzehnten das amerikanische Fernsehen zum Quality TV entwickelt? Nicht weil die Sender sich freiwillig verändert hätten, sondern weil ein neuer Anbieter (HBO) auf dem Markt erschienen

5 Wiedemann & Berg: Erneute Zusammenarbeit bei einem Serienformat. In: News vom 17. Februar 2016 – www.w-b-television.de

ist. Und auch 15 Jahre später geht die Innovation weiter, weil inzwischen weitere neue Streaming-Dienste (Netflix und Co.) die bisherigen Platzhirsche aufmischen. Interessanterweise ist diese Erkenntnis auch schon bei den Sendern selbst angekommen. So sagt Barbara Buhl, Fernsehchefin des WDR, in dem Dokumentarfilm Es WERDE STADT von Dominik Graf: *„Ich glaube, wir können uns gar nicht mehr so viel selber helfen. Ich glaube, man muss uns von außen dazu zwingen. Ich glaube, die Struktur ist so hierarchisch – und so komplex andererseits auch wieder, durch diese föderalen Sender- und Konkurrenz-Gefechte um Sendeplatz und Präsenz."* Und die ehemalige Fernsehchefin des Bayrischen Rundfunks, Bettina Reitz, konstatierte zu ihrem Abschied: *„Salopp gesagt, fühlte ich mich irgendwann wie eine Art Sterbebegleiterin des klassischen Fernsehens."* [6]

Die öffentlich-rechtlichen Sender in Deutschland erklären schon seit einigen Jahren, dass sie nun auch anspruchsvolle Serien machen wollen. Dabei steht ihnen aber immer noch der Auftrag im Weg, Fernsehen für ein breites Publikum produzieren zu müssen. Dies führt dazu, dass sie die Kontrolle nicht den innovationsbereiten Künstlern überlassen, sondern im Haus behalten. Nachdem der gute Ruf des amerikanischen Writer's Room bis nach Deutschland gedrungen ist, werden in jeder Ecke des Landes solche Räume geschaffen. Dabei handeln aber die Verantwortlichen nach der Devise *„Wasch mir den Pelz, aber mach mich nicht nass"*. Denn entscheidend für den Writer's Room in Amerika ist, dass die Autoren bestimmen, was und wie erzählt wird. Hierzulande behalten die Produzenten und Sendervertreter immer noch die Entscheidungshoheit. Sie bestimmen letztendlich, was gedreht und gezeigt wird, weil sie glauben, dramaturgisch ausgebildeter und kreativer zu sein als die Autoren. Dabei handeln sie in den meisten Fällen aus der Furcht heraus, eine schlechte Quote zu erzielen. Angst ist aber für neue Bewegungen noch nie eine gute Grundlage

---

6 Nicodemus Katja: Bettina Reitz „Wo bleibt der Mut zur Größe?" (Interview). In: DIE ZEIT Nr. 42/2015 vom 15. Oktober 2015.

gewesen. Innovationen können nur von kreativen Geistern geschaffen werden. Und diese brauchen einen sehr großen Freiraum. Wenn die Möglichkeiten zu einer freien Entfaltung aber aus Furcht vor Risiken eingeschränkt werden, dann wird es nichts mit neuen, spannenden Serien. Wie sang Janis Joplin doch schon vor mehr als 35 Jahren: *„Freedom's just another word for nothing left to lose."*

Es ist nicht abzusehen, dass sich das System von innen heraus ändern wird. Insofern ist es nicht sehr wahrscheinlich, dass bis zum Jahr 2020 anspruchsvolle, innovative Serien in öffentlich-rechtlichen Sendern zu sehen sein werden.

Denn was würde dies bedeuten? Vielschichtige Figuren in komplexen Geschichten und neuen Genres müssten geschaffen werden.

Bei den etablierten privaten Sendern ist dieser Anspruch schon gar nicht mehr vorhanden. Zwar hat es durchaus diese Ansätze gegeben, ein neues Sujet zu erzählen (z.B. mit DEUTSCHLAND 83), aber der Sender ist in diesem Fall von seinen Zuschauern, die er sich über zwanzig Jahre erzogen hat, mit Desinteresse bestraft worden.

Es wird also im Jahr 2020 im deutschen Fernsehen keinen Tony Soprano, Dexter oder Francis Underwood geben.

Die dadurch entstehende Lücke ist eine große Chance für die Streaming-Dienste. Schließlich sehnen sich auch deutsche Zuschauer nach ungewöhnlichen Erzählungen, neuen Genres und komplexen Figuren, die sie dazu auffordern, ihre Wertvorstellungen zu überdenken.

In den letzten Jahren war es ein offenes Geheimnis, dass sowohl Amazon als auch Netflix bald auf dem deutschen Markt produzieren werden. Wer in seinem Handelsregisterauszug als Geschäftszweck „Filmproduktion" angegeben hatte, machte sich zu ihnen auf den Weg, um Projekte vorzuschlagen. Denn nicht nur Autoren, sondern auch Produzenten fühlen sich in dem inhaltlich und wirtschaftlich schwierigen Umfeld der Sender gefangen. Aber die Schere im Kopf der Kreativen schien größer zu sein als gedacht. Lange hielten sich die beiden amerikanischen Streaming-

Anbieter mit der Beauftragung von konkreten Projekten zurück. Es dauerte erst einmal, bevor die deutschen Produzenten verstanden, was Netflix und Co. genau suchten. Auf keinen Fall das, was in den letzten Jahren hierzulande produziert worden war. Die vielen Versuche der Produktionsfirmen liefen schließlich auf folgendes Fazit hinaus: Es lohnt sich nur das anzubieten, was bei ARD und ZDF nicht gewollt ist. Wer also ein Projekt für einen Sender UND für Netflix entwickelt, hat schon verloren. Die Frage in den Produktionsbüros lautet demnach neuerdings: Würde das Projekt bei der Degeto (der Einkaufsgesellschaft der ARD) abgelehnt, weil es zu anspruchsvoll oder zu originell ist? Fällt die Antwort positiv aus, könnte es sinnvoll sein, es einem der neuen Anbieter vorzuschlagen.

Dies ist erstmals der Münchner Produktionsfirma Wiedemann & Berg geglückt, die mit ihrer übernatürlichen Familiensaga Dark bei Netflix punkten konnte. Baran bo Odar und Jantje Friese werden die Serie entwickeln und schreiben. Die beiden hatten schon bei der Wiedemann & Berg Produktion Who am I zusammengearbeitet. Premiere soll im Jahr 2017 sein. Der Streaming-Dienst beschreibt das Konzept so: *„Im Zentrum von Dark stehen vier Familien in einer typischen deutschen Kleinstadt. Als zwei Kinder auf mysteriöse Weise verschwinden, wird die vermeintlich heile Welt dieser Familien aus den Fugen gerissen. Ein Blick hinter die Fassaden offenbart die dunklen Geheimnisse aller Beteiligten. Im Verlauf der zehn einstündigen Folgen bekommt die Tragweite der Ereignisse eine neue Dimension, als die Ermittlungen zurück ins Jahr 1986 führen und die Schicksale der vier Familien auf tragische Weise durch Raum und Zeit verknüpft werden.“* [7]

Hier zeigt sich schon in den wenigen Informationen, wohin die Reise gehen wird. Tatsächlich haben Baran bo Odar und Jantje Friese bereits mit Who am I einen schnellen, aktuellen und spannenden Film vorgelegt. Und

---

7 Netflix: Von Baran bo Odar, dem Regisseur von Who Am I und den Produzenten von Das Leben der Anderen kommt das erste deutsche Netflix Original Dark. In: Netflix Medien-Center vom 24. Februar 2016.

es handelt sich bei DARK um ein in der deutschen Serienlandschaft noch nie dagewesenes Genre, das wahrscheinlich mit einem großen Ensemble aufwarten wird (vier Familien).

Bei Amazon hat es Matthias Schweighöfer geschafft, einen Auftrag als Regisseur und Hauptdarsteller an Land zu ziehen. Es ist vorgesehen, dass die Serie YOU ARE WANTED im Frühjahr 2017 ausgestrahlt wird. Der Plan von Amazon ist ziemlich eindeutig. Mit dem Namen Schweighöfer wird der Anbieter großflächig plakatieren. Die mediale Aufmerksamkeit ist für die Serie schon jetzt garantiert. Dabei ist interessant, dass Schweighöfer zwar eine äußerst große Fangemeinde hat, diese aber sehr jung ist und im allgemeinen noch nicht zu der finanzstarken Zielgruppe, die sich ein Abonnement leisten kann, gehört. Aber wahrscheinlich will Amazon dafür sorgen, dass dieses junge Publikum sich früh für ihr Portfolio entscheidet. Ob mit der Serie auch eine inhaltliche, kreative Veränderung einhergeht, wird noch zu sehen sein.

Wie auch immer diese ersten Versuche ausgehen, der deutsche Markt ist zu groß und zu interessant, als dass er unbeachtet bliebe und sich den geschilderten Dynamiken entziehen könnte. Ein solcher Entwicklungsprozess wird aber sicherlich mehr als zwei Jahre brauchen, um Fahrt aufzunehmen.

2018 wird auch das Jahr sein, in dem die bereits vorab viel beachtete Serie BABYLON BERLIN gesendet wird. Diese Krimiserie basiert auf den erfolgreichen Romanen von Volker Kutscher und spielt im Berlin der zwanziger Jahre. Als kreative Köpfe stehen Tom Tykwer, Hendrik Handloegten und Achim von Borries im Vordergrund. Interessanterweise sind alle drei Regisseure und nicht in erster Linie Autoren. Eine Besonderheit ist aufgrund des hohen Budgets auch die Finanzierung. Zum ersten Mal arbeiten ein öffentlich-rechtlicher Sender (WDR) und der Pay-TV Sender Sky zusammen. Es fällt nicht schwer sich vorzustellen, dass die Erwartungen und Ansprüche der beiden Finanziers weit auseinandergehen. Der WDR muss die Serie zur Primetime ausstrahlen und unterliegt somit den Vorgaben der Freiwilligen Selbstkontrolle (FSK), die nur bestimmte Formen der Gewalt und der sexuellen Darstellung erlaubt. Sky wiederum kann im Gegensatz zu den klassischen Sendern in diesem Bereich vollkommen anders agieren. Es ist also wahrscheinlich, dass es eine SKY- und eine WDR-Fassung geben wird. Ein Modell für die Zukunft? Sicherlich nicht.

Auch wenn sich im Jahr 2020 Netflix und Amazon etabliert haben werden, so werden sie in Deutschland dennoch nicht zu einem größeren Phänomen geworden sein. Denn jeder deutsche Haushalt wird auch im Jahr 2020 mehr als 200 Euro Gebühren für die öffentlich-rechtlichen Sender zahlen müssen. Für viele Haushalte werden zusätzliche Ausgaben von 100 Euro oder mehr daher nicht in Frage kommen. Schätzungen zufolge werden in Zukunft zehn Prozent der Haushalte mindestens einen der Streaming-Dienste abonniert haben. Keine überwältigende Zahl und doch müsste sich jeder Anbieter für diese Zielgruppe interessieren. Es handelt sich dabei in der Mehrzahl um diejenigen, die eher zur Mittelschicht gehören, heute 25 Jahre oder älter und offen für Neues sind.

Wird aber die Antwort der klassischen Sender auf diese Herausforderung Innovation und Kreativität sein? Das bleibt zu bezweifeln, denn die Sender müssen gerade in den nächsten Jahren versuchen, die ihnen zukommenden Gebühren vor der Politik zu rechtfertigen. Dabei werden sie auch in Zukunft auf hohe Zuschauerquoten setzen. Der Teufelskreis wird weiter bestehen.

Die Sender werden in ihrem Angebot weiterhin auf die Filme und Serien setzen, die das größte Publikum versprechen. Den Kampf um die jungen und anspruchsvollen Zuschauer werden sie damit vollends aufgegeben haben. Denn ein mehr oder weniger großer Teil dieser Zielgruppe wird dann zu den Streaming-Diensten oder anderen Anbietern (YouTube etc.) gewechselt sein. Schon heute weiß kaum ein Jugendlicher mehr, was das Kürzel ARD bedeutet. In dieser Altersgruppe ist für die Sender kaum noch etwas zu gewinnen.

Allerdings wird jeder Streaming-Anbieter nur zwei bis drei deutsche Serien im Jahr produzieren. Neben Netflix und Amazon wird vermutlich auch noch HBO (und eventuell Maxdome) zu den Auftraggebern gehören. Sky hat angekündigt in den nächsten Jahren zwei Serien pro Jahr zu produzieren. So werden wahrscheinlich ca. sechs deutsche Serien im Jahr 2020 für diese neuen Player produziert werden. Diese werden in der Herstellung und im Hinblick auf die Qualitätsansprüche dem amerikanischen Quality TV entsprechen. Kreative und Produzenten werden stark um den Markt konkurrieren. Denn jeder Kreative wünscht sich künstlerische Selbstbestimmung und viele Produzenten träumen davon, an neuen, interessanten Entwicklungen beteiligt zu sein. Entscheidend wird sein, ob sich beide Gruppen mental von den Anforderungen und Zwängen der Fernsehsender lösen können werden. Nur wer frei ist, kann sich neuen Herausforderungen stellen. Sich frei zu machen ist sicherlich schwieriger, als es auf den ersten Blick erscheinen mag. Auch die Kreativen müssen wirklich innovativ denken lernen und die lang erprobte Schere im Kopf vergessen.

## KURATIEREN – MENSCH ODER MASCHINE?

Wenn sich das Streaming von Filmen im Jahr 2020 durchgesetzt haben wird, dann wird es umso wichtiger sein, in der Masse des Angebots eine Orientierung zu geben. Bisher haben sich zwei unterschiedliche Ansätze etabliert.

Netflix und Amazon setzen auf den Algorithmus. Das Verhalten des Zuschauers wird vom Computer analysiert und er erhält Hinweise auf weitere Filme und Serien, die ihm gefallen könnten („Wenn Sie dies mochten, dann könnte Ihnen auch das gefallen.“). Netflix beschäftigt eine eigene Abteilung, die jeden Film in stark ausdifferenzierte Kategorien einordnet. Mit der Zeit treffen die Vorschläge immer mehr den spezifischen Geschmack eines Kunden. Einerseits verhindert dieses System, dass der Zuschauer auf Neues stößt. Auf der anderen Seite sorgt es dafür, dass die Anbieter genau wissen, was sie im Angebot haben sollten. Insbesondere dann, wenn sie selbst produzieren, wie es Netflix und Amazon tun.

Der andere Ansatz ist das Kuratieren durch den Menschen. Einer der wichtigsten Anbieter, die in diesem Bereich auf sich aufmerksam gemacht haben, ist Apple. Die Firma hat sich im iTunes Store darauf spezialisiert, neben der maschinellen auch Empfehlungen der Redaktion auszusprechen. Ein weiterer Ansatz ist die Verbindung der künstlichen Intelligenz (die bei Apple den Namen Siri trägt) und dem Apple TV. Hier ist es möglich, in die Fernbedienung den Wunsch zu sprechen: „Ich möchte heute eine Komödie aus dem letzten Jahr sehen.“ Sofort schlägt das Apple TV die geeigneten Filme vor.

Ein weiterer kleinerer Anbieter hat die Idee des menschlichen Kuratierens zu seinem Geschäftsmodell gemacht. Der Streaming-Dienst Mubi stellt jeden Tag einen neuen Film ins Netz und die Abonnenten haben 30 Tage Zeit ihn anzusehen. Dabei besteht die Auswahl grundsätzlich nur aus Independent-Filmen. Mubi zeigt zahlreiche Arthouse-Filme und Perlen der Filmgeschichte, die sonst kaum zu finden sind.

Es ist sehr wahrscheinlich, dass sich in Zukunft eher der Algorithmus durchsetzen wird. Denn die Technik wird sich immer weiter entwickeln und ein immer genauer auf den individuellen Konsumenten zugeschnittenes Programm hervorbringen können. Dabei ist es an dieser Stelle müßig darüber zu streiten, ob dies eine positive oder negative Entwicklung ist. Und es bedeutet auch nicht, dass das Kuratieren gar nicht mehr praktiziert werden wird.

# KINO HAT ZUKUNFT, ODER?

Schon jetzt hat sich in Amerika die Welt des Kinofilms verändert. Auf der einen Seite werden Filme mit großem Budget produziert, auf der anderen Seite ist es für Werke mit einem mittleren finanziellen Einsatz sehr schwer überhaupt entwickelt zu werden.

Vorherrschend ist in den USA derzeit das große Spektakel, das vor allem auch international marktfähig ist. Es wird in erster Linie auf ein visuelles Erlebnis gesetzt, denn ruhige Geschichten, die der Kraft der Erzählung vertrauen, sind durchaus auch ohne das Kino denkbar. Für den Zuschauer wird sich immer mehr die Frage stellen, wo er einen Film konsumieren will. Und vor allem wird sich die Frage immer drängender stellen, warum er die Fahrt ins Kino und die Kosten von durchschnittlich 40 Dollar (inklusive Nachos, Parkkosten oder öffentlichen Nahverkehr) auf sich nehmen soll. Kino muss für die amerikanischen Zuschauer einen Mehrwert bringen.

Dieser Zusatznutzen kann aber immer nur in dem besonderen Erlebnis liegen. Die Frage nach dem Mehrwert stellt der Zuschauer schon, bevor er den Film überhaupt gesehen hat. Es sind also vor allen Dingen die Erwartungen, die eine entscheidende Rolle spielen. Das war in gewisser Weise schon immer so, allerdings hatte der Zuschauer früher kaum eine andere Möglichkeit einen Film zu sehen als im Kino. Wer in den fünfziger Jahren GONE WITH THE WIND schauen wollte, hatte keine andere Wahl, als den Film im Kino zu sehen. Die Ausstrahlung im Fernsehen folgte erst Jahre später.

Heutzutage kann der Zuschauer einen Film zuerst im Kino sehen und ihn dann (in Deutschland) sechs Monate später über Download-Portale (wie zum Beispiel iTunes) beziehen. In Amerika ist die Frist sogar kürzer. Hier braucht der Zuschauer nur drei Monate zu warten, dann kann er sich den Film für ca. 4 Dollar ausleihen. Dieses sogenannte *Auswertungsfenster* wird immer weiter verkürzt. So hat Paramount mit PARANORMAL ACTIVITY: GHOST DIMENSION in den USA im Oktober 2015 einen Kinofilm herausgebracht, der schon 17 Tage danach offiziell auf digitalen Plattformen verfügbar war. Ab September 2016 werden darüber hinaus nach der Laufzeit im Kino alle Disney-Produktionen exklusiv bei Netflix zu sehen sein.

Wie könnten Zuschauer dennoch dazu motiviert werden, ihr Sofa für ein Seherlebnis zu verlassen und ein Kino aufzusuchen? Der Film müsste etwas versprechen, das das „Heimkino" nicht leisten kann. Dabei liegt die Betonung auf „versprechen", denn der Zuschauer hat den Film im Moment seiner Entscheidungsfindung noch nicht gesehen. Er kann also nur von seinen Erwartungen ausgehen.

Deshalb versuchen die meisten amerikanischen Produktionsfirmen die Erwartungen möglichst genau zu steuern. Dies kann am besten gelingen, wenn die Zuschauer schon vorher einschätzen können, was auf sie zukommt. Darum beruhen viele Filme auf bereits bekannten Marken. Sie sind Teile bestimmter Reihen (z.B. FAST & FURIOUS) oder die filmische Umsetzung vorbestehender Werke aus anderen kulturellen Bereichen (z.B. Comicfiguren) – im besten Fall sind sie beides.

In den kommenden Jahren wird sich dieser Trend nicht ändern, im Gegenteil, er wird sich sogar verstärken.

Die Mechanismen der sogenannten *Tentpole-Filme* (englisch: Zeltstange) müssen für alle internationalen Märkte funktionieren, z.B. auch auf dem chinesischen Markt. Sie können also nur Muster bedienen, die global verständlich sind. So wird der amerikanische Mainstream-Film sich zunehmend allgemeingültigen Dramaturgien verschreiben. Diese Entwicklung könnte Anlass zu der Vermutung geben, dass die Zuschauer irgendwann genug von diesen Filmen haben werden. Zumindest in den nächsten Jahren ist dies jedoch nicht zu erwarten. Denn die Technik schreitet weiter voran, und die Schauwerte werden sich noch steigern. Bisher laufen Blockbuster-Filme (bis auf die immer existierenden Flops) ausgezeichnet und sprechen das junge Publikum in der ganzen Welt in hohem Maße an. Bevor dann wahrscheinlich in einem Jahrzehnt auch hier Stillstand eingetreten ist.

Kleine Produktionen werden in Zukunft zunehmend sowohl im Kino (nur in bestimmten Städten), als auch auf Streaming-Portalen zu sehen sein. Sicherlich wird iTunes als Kaufportal für viele Filme die beste Wahl bleiben. Aber auch die Abonnentenportale (Netflix und Co.) werden durchaus immer wieder Filme exklusiv in ihr Angebot aufnehmen. Netflix hat dies schon im Jahr 2015 mit BEASTS OF NO NATION vorgemacht. Als erster Film überhaupt wurde er gleichzeitig in einigen Kinos und auf Netflix veröffentlicht. Im Jahr 2016 kaufte Amazon auf dem Sundance Festival sechs Filme und machte mit MANCHESTER BY THE SEA für 10 Millionen Dollar den zweitgrößten Deal des Festivals. In ähnlicher Weise hat Netflix bei ebenfalls sechs Filmen zugeschlagen.

Wenn alle Rechtsfragen geklärt sind, könnte solch ein Modell auch bedeuten, dass ein kleiner Film mit einem Schlag der ganzen Welt zur Verfügung steht.

Und noch eine Entwicklung wird die Art und Weise, wie Filme produziert werden, verändern. Denn Amazon will sein Self-Publishing-Modell aus dem Buchbereich auch im Videosektor übernehmen. Schon heute ist es ohne sehr großen Aufwand möglich, eigene Bücher auf der Amazon-Plattform digital zu präsentieren. Ein Verlag ist nicht mehr notwendig. Die Mehrzahl der Werke findet über die Eltern und Freunde der Verfasser keine ausreichende Verbreitung, dennoch haben einige äußerst erfolgreiche Autoren so begonnen. Eines der bekanntesten Beispiele ist die britischen Autorin E. L. James (FIFTY SHADES OF GREY), die ihre Werke zuerst selbst auf ihrer Webseite veröffentlicht hatte. In Zukunft wird also jede Filmproduktionsfirma ihre Werke eigenständig auf der Plattform von Amazon präsentieren können. Ein weiterer Zwischenhändler (Vertrieb) ist nicht mehr notwendig. Auch dies wird nicht dazu führen, dass dort jeder Film millionenfach gekauft wird. Aber es wird Ausnahmen geben und einige Filme werden auf diese Weise ein großes Publikum erreichen.

Welche Auswirkungen hat dies auf die Erzählungen? Wenn sich all diese neuen Wege erst einmal etabliert haben werden (und dies wird noch einige Jahre dauern), wird es wahrscheinlich auch wieder wirtschaftlich möglich sein, Filme mit einem mittleren Budget und für ein größeres Arthouse-Publikum zu produzieren. Steven Soderbergh ist ein Autor und Regisseur, der seit Jahrzehnten Filme in diesem Bereich gemacht hat. Nachdem mehrere Filmstudios im Jahr 2013 sein neuestes Projekt über den Entertainer Liberace abgelehnt hatten, drehte er den Film für HBO mit Michael Douglas und Matt Damon in den Hauptrollen. Ende des Jahres 2015 fasste er seine Erfahrungen während einer Rede beim San Francisco International Film Festival zur „Lage des Films“ zusammen. Er kritisierte die immer stärkere Fokussierung der amerikanischen Studios auf die Produktion von großen Blockbustern mit möglichst leicht verständlicher Handlung, aber auch die zunehmende Diskrepanz zwischen Filmemachern und Produzenten.

Zum gleichen Zeitpunkt hat er sich öffentlich vom Filmemachen verabschiedet, sicherlich auch, weil seine Filme kaum noch zu finanzieren sind. Dies wird sich wahrscheinlich in einigen Jahren wieder geändert haben. Dann könnten seine Projekte zugleich im Kino und über den Stream zu sehen sein.

Diese Filme werden geprägt sein von einer neuen Diversität. Denn *Indie-Filme* erreichen anders als in früheren Jahren durch die Verbreitung im Internet ein potentiell größeres Publikum und sind nicht auf die wenigen Arthouse-Kinos des Landes angewiesen. (Diese waren immer schon Abspielorte, die nur in großen Städten zu finden und auf ein junges Publikum zugeschnitten waren.) So wird es möglich sein, Filme zu machen, die ein sehr fragmentiertes Publikum ansprechen und sich mit der amerikanischen Wirklichkeit auseinander setzen.

Beispiel dafür sind Fruitvale Station und The Birth of a Nation. Der erstgenannte Film beruht auf einer wahren Geschichte und erzählt den letzten Tag eines afroamerikanischen Jungen, der in der Silvesternacht 2008/09 von einem Polizisten an der Fruitvale Station in der Nähe von San Francisco erschossen wurde.

Der Gewinner des Sundance Film Festival 2016 The Birth of a Nation erzählt die Geschichte des jungen Nat Turner, der 1831 einen Sklavenaufstand erfolgreich anführte.

## DEUTSCHES KINO IM JAHR 2020

Die Situation in Deutschland ist natürlich eine ganz andere.

Mit 1,17 Milliarden Euro Umsatz erzielten die Kinos in Deutschland im Jahr 2015 einen Rekordumsatz. Damit lag der Gesamtumsatz aus den Ticketerlösen um 19,1 Prozent über dem Gesamtumsatz des Vorjahres und überstieg wie bereits in den Jahren 2012 und 2013 die Milliardengrenze.

Zwar verzeichneten die Kinos in Deutschland im ersten Halbjahr 2016 insgesamt 57,5 Millionen Besucher und damit rund 9,3 Millionen weniger als in den ersten sechs Monaten des Vorjahres, aber langfristig ist weder eine positive noch negative Entwicklung zu erkennen. Ein Abwärtstrend war zuletzt 2004 zu verzeichnen, damals verringerte sich die Summe der Kinobesucher signifikant.

Dabei ist der Anteil der deutschen Produktionen in den letzten Jahren ebenfalls grundsätzlich gestiegen und im ersten Halbjahr 2016 gleich geblieben. Dies liegt allerdings hauptsächlich an einigen wenigen Filmen, die zu Kassenschlagern wurden (FUCK JU GÖHTE u.a.).

Ein entscheidender Umstand prägt darüber hinaus das deutsche Kino schon seit langer Zeit. Die deutschen Kinofilme sind Fernsehfilme. Von den 28 für den Deutschen Filmpreis 2016 nominierten Spielfilmen waren 20 von deutschen Fernsehsendern koproduziert (14 für die ARD und sechs für das ZDF). Die öffentlich-rechtlichen Sendeanstalten haben also einen großen Anteil an der Existenz des deutschen Kinofilms. Diese eigentlich ehrenwerte Aufgabe hat aber auch einige Nachteile. Die Filme werden von den Redakteuren des jeweiligen Senders mitbetreut (beteiligt sind meist zwei oder mehrere Sender) und darum oft fernsehtauglich entwickelt. Auf diese Weise verschwimmt die Grenze zwischen Kino und Fernsehen, und es gibt immer weniger Gründe für die Zuschauer, ins Kino zu gehen. Dieser Zustand wird weiter anhalten, denn für die Sender stellen solche Kooperationen elegante Lösungen dar, fiktionales Programm zu produzieren. Sie tragen nicht die Last der gesamten Finanzierung und erhalten Werke, die durch das Kino geadelt werden. Dabei erreicht die Mehrzahl der auf diese Weise finanzierten Filme maximal 5000 Zuschauer im Kino. Der kleine Zuschauerkreis spielt aber tatsächlich keine so große Rolle, da alle Beteiligten zunächst von der Zusammenarbeit profitieren. Bei dem einen oder anderen Film gelingt sogar eine Festivalauszeichnung und natürlich sind unter ihnen auch echte Perlen zu entdecken. Allerdings bewegen sie sich meist in einem gesetzten Rahmen. Überraschungen und wirkliche Innovation kommen nicht vor.

Die Kulturelle Filmförderung der BKM (Beauftragte der Bundesregierung für Kultur und Medien) will diesem Umstand in den kommenden Jahren entgegentreten, indem sie ihre Förderung aufstockt und den zulässigen Anteil der Fördersumme am Gesamtbudget auf bis zu 80 Prozent erhöht. Dies soll erlauben, dass Kinofilme auch ohne Fernsehbeteiligung finanziert werden können. Es bleibt abzuwarten, ob sich diese Idee in der Praxis realisieren lässt.

Es ist zu vermuten, dass auch im Jahr 2020 die meisten deutschen Filme mit finanzieller Unterstützung und inhaltlicher Einflussnahme des Fernsehens produziert werden. Dass mehr Zuschauer für diese sogenannten *amphibischen* Filme (Werke, die in den zwei Welten Kino und Fernsehen leben) in die Kinos gehen werden, ist jedoch nicht anzunehmen. Eher im Gegenteil, denn die jungen Zuschauer werden andere Angebote und andere Sehgewohnheiten haben. Das deutsche Kino, das jenseits der Blockbuster-Filme stattfindet, wird es dadurch noch schwerer haben. Zumal amphibische Filme in den Kinos Programmplätze für radikalere Werke blockieren, die grundsätzlich nur ein kleines Publikum ansprechen. Im Jahr 2016 wurden zwei Filme ohne die Bezuschussung durch Fernsehgelder produziert, die es in die Vorauswahl der Deutschen Filmakademie geschafft haben. Bei DER BUNKER und NACHTMAHR handelt es sich um zwei Filme, die kein großes Publikum erreichen werden, die aber in ihrer Radikalität ein Alleinstellungsmerkmal besitzen. Sie müssen mit viel weniger Geld um Aufmerksamkeit kämpfen und mit Filmen konkurrieren, die eigentlich reine Fernsehfilme sind. Der Markt wird verstopft, und die Zuschauer werden dazu erzogen, diese Filme nicht mehr wahrzunehmen.

Da in Deutschland (im Gegensatz zu den USA) die Herstellung und auch der Verleih von Kinofilmen staatlich gefördert wird, besteht von Seiten der Filmemacher und Produzenten kaum Veränderungsbedarf. Die Gesetze des Marktes sind schon seit Jahrzehnten ausgehebelt. Insofern wird sich der deutsche Film in eine andere Richtung entwickeln als der amerikanische. Ein normaler deutscher Film hat sich für die Produzenten schon bei der Fertigstellung wirtschaftlich gerechnet. Kaum ein Film spielt mehr ein als seine Herstellungskosten. Es besteht zwar der Ehrgeiz, viele Zuschauer zu generieren, aber nicht unbedingt die wirtschaftliche Notwendigkeit. Darum wird es auch in Zukunft nicht zwingend notwendig sein, den eigenen Film im Kino und gleichzeitig bei einem Streaming-Portal anzubieten. Derzeit stehen der doppelten Platzierung in Deutschland auch Verordnungen und Vereinbarungen entgegen und es ist nicht anzunehmen, dass diese Regelungen in absehbarer Zeit außer Kraft gesetzt werden. Insofern werden Streaming-Anbieter eine dem Kino untergeordnete Zweitverwertung bleiben.

Im August 2016 hat die unabhängige Produktionsfirma Pantaleon (an der auch Matthias Schweighöfer beteiligt ist) den Video-on-Demand-Dienst Pantaflix auf den Markt gebracht. Laut Eigenaussage ist das Angebot eine „Self-Distribution-Plattform“ für Rechteinhaber: *„Wir investieren nicht in Content, sondern geben den Content-Inhabern einen radikal großen, transparenten Anteil an den Erlösen.“* [8] Bei Pantaflix haben die Filmproduzenten direkten Zugang zu den Zuschauern – ohne Zwischenhändler, Vertriebe und Rechtehändler. Sie stellen den Film auf die Plattform, bestimmen, für welche Länder eine Produktion freigegeben ist sowie den Preis. Geplant ist ein Angebot von rund 100.000 Filmen.

---

8 Vgl.: Otto, Katrin: Neues Pay-Modell. Matthias Schweighöfer und Dan Maag starten VoD-Dienst Pantaflix. In: W&V vom 25. Juli 2016.

Im Jahr 2020 wird es im deutschen Kino weiterhin ausgesprochen erfolgreiche Filme geben. Diese werden sicherlich weiterhin von männlichen Schauspiel-Stars dominiert sein (wer kommt nach Schweiger, Schweighöfer und M'Barek?) Es ist anzunehmen, dass alle Beteiligten auf der sicheren Seite stehen wollen und sich in der Genreauswahl auf die erfolgreichen Muster verlassen werden. Dies sind im deutschen Film die Komödie oder zumindest der leichte Film (selbst Till Schweiger hat sich schon mehrmals mit Thrillern oder Actionfilmen die Finger verbrannt).

Deutsche Autoren und Regisseure haben immer schon hauptsächlich für das Fernsehen gearbeitet. Es gibt quasi keine Filmemacher, die ausschließlich für das Kino tätig sind (Ausnahmen wie Wim Wenders bestätigen die Regel). Die amerikanische Tendenz, dass Autoren und Regisseure des Kinos auch für das Fernsehen arbeiten, ist in Deutschland schon lange Realität. Allerdings nicht aus künstlerischem Interesse, sondern aus wirtschaftlicher Notwendigkeit.

Es ist also anzunehmen, dass sich das deutsche Kino des Jahres 2020 kaum vom heutigen Kino unterscheidet.

## DIE CROWD – ALTERNATIVE FINANZIERUNG

Crowdfunding hat sich in den letzten Jahren als eine Möglichkeit der alternativen Finanzierung von Projekten etabliert. Dabei geht es nicht nur um die neuesten technischen Gadgets, sondern zunehmend auch um Filmprojekte. Sie werden von den Filmemachern auf Crowdfunding-Plattformen vorgestellt und versuchen so eine vorher festgelegte Summe von den Nutzern einzutreiben. Erst wenn diese Summe erreicht ist, startet das Projekt. Die Zahlenden erhalten je nach Höhe ihres Engagements eine Gegenleistung. Diese reicht von der Namensnennung im Abspann bis hin zu einem Setbesuch.

Charlie Kaufman zeichnet als Drehbuchautor für Filme wie BEING JOHN MALKOVICH, ADAPTATION und ETERNAL SUNSHINE OF THE SPOTLESS MIND verantwortlich. Er wurde für alle drei Drehbücher für einen Oscar nominiert und gewann für letzteres. Er schrieb und inszenierte später den kleinen, äußerst anspruchsvollen Film SYNECDOCHE, NEW YORK.

Als er vor mehr als fünf Jahren sein neuestes Projekt, einen Stop-Motion-Puppenfilm, auf den Weg bringen wollte, stellte er es auf kickstarter.com und erzielte innerhalb von 60 Tagen mehr als 400.000 Dollar. In der Werbung erklärten die Filmemacher:

> *„We want to make ANOMALISA without the interference of the typical big studio process. As many of you know, the entertainment industry is filled with incredible scripts, written by incredible talents, that have not or will never get made, or worse, they'll be changed into something that is nowhere close to what the original creator envisioned."* [9]

---

9 *„Wir wollen ANOMALISA ohne die Einmischung des typischen großen Studioprozesses machen. Wie viele von euch wissen, ist die Entertainmentindustrie voll mit unglaublichen Drehbüchern, die von unglaublichen Talenten geschrieben worden sind, die nie gemacht wurden oder noch schlimmer, sie wurden geändert und kommen nicht einmal in die Nähe von dem, was die ursprünglichen Schöpfer vorgesehen haben."* Child, Ben: Charlie Kaufman's Anomalisa beats crowdfunding record für film. In: The Guardian vom 19. September 2012.

Der Film kam 2015 in die Kinos. Und tatsächlich ist dem Werk hinsichtlich des Inhalts und der Machart die Kompromisslosigkeit anzusehen, mit der Kaufman und seine Kollegen den Film konzipiert haben.

Auch in Deutschland hat es einige Filme gegeben, die durch die Crowd finanziert worden sind. Der sicherlich bekannteste unter ihnen ist der Kinofilm STROMBERG, basierend auf der gleichnamigen Serie. Binnen einer Woche, nachdem die Produktionsfirma einen Crowdfunding-Aufruf im Internet veröffentlicht hatte, kamen eine Million Euro zusammen. Mehr als 3000 Kleinanleger finanzierten so die Produktion mit. Insofern handelte es sich bei der Finanzierungsart um ein sogenanntes *Crowdinvesting*. Hier steht die handfeste Rendite im Vordergrund. Und tatsächlich machte sich die Investition bezahlt. Für die Produktion selbst ging es hauptsächlich darum, einen kleinen Teil des Budgets zu finanzieren, um den sogenannten Eigenanteil (also den Anteil, den die Produzenten selbst investieren und der von Förderern vorgeschrieben ist) zu erreichen (weil sie selbst meist nicht ausreichend finanzstark waren).

STROMBERG – DER FILM lief im Februar 2014 an und hatte in den ersten sechs Monaten 1,4 Millionen Zuschauer. So konnte an die Crowd das eingezahlte Geld plus Rendite zurückgezahlt werden.

Beide Beispiele machen deutlich, unter welchen Umständen die Finanzierung durch Crowdfunding möglich ist. Vorhandene Marken (und dies können auch die Filmemacher selbst sein) haben durchaus die Chance, sich auf diese Art und Weise ihre Projekte zu finanzieren. Es wird also in Zukunft so sein, dass Filme unabhängig von Sendern oder Filmförderung finanziert werden können. Allerdings wird dies nur in sehr wenigen Ausnahmefällen erfolgreich sein. Der richtige Zeitpunkt, die richtige Marke und eine professionelle Produktion im Hintergrund, die die Ausschreibung begleiten kann, sind die notwendigen Voraussetzungen.

Wenn es sich allerdings um ein Crowdinvesting handelt, mit dem der notwendige Eigenanteil erreicht werden soll, und Sender und Förderer beteiligt sind, dann ist kaum eine inhaltliche Innovation zu erwarten. Hier geht es mehr um eine andere Art der Finanzierung als um eine andere Art des Geschichtenerzählens.

# VIRTUAL REALITY

Im Jahr 2014 kaufte sich Facebook für zwei Milliarden US-Dollar den Hersteller der Virtual-Reality-Brille Oculus Rift. *„Virtual Reality wird verändern, wie wir arbeiten, spielen und kommunizieren"*[10], sagte damals der Facebook-CEO Mark Zuckerberg. Ist dies ein vollmundiges Versprechen, das – wie einige technische Entwicklungen – nur ein Hype bleiben wird oder hat Zuckerberg recht? Und wenn dem so ist, wird Virtual Reality auch den Film beeinflussen?

Das Oculus-Story-Studio arbeitet an Filmen, in denen die neue Technologie zur Anwendung kommt. Bisher hat das Studio drei kurze Filme produziert und viele Erfahrungen gesammelt. Es wird von einem Deutschen geleitet. Saschka Unseld hat an der Filmakademie Baden-Württemberg Animation studiert und arbeitete wenige Jahre später bei Pixar. Er hat dort im Bereich Cinematography and Staging zu einigen großen Erfolgen des Studios (u.a. Brave) beigetragen. Im Jahr 2013 erschien sein eigener Kurzfilm BLUE UMBRELLA als Vorfilm zu MONSTERS UNIVERSITY. Seit zwei Jahren ist er nun bei Oculus.

Der neueste VR-Film des Studios handelt von einem kleinen Igel namens Henry. Einer der wichtigen Erfahrungen, die sicherlich in diesem

10 Olson, Parmy: Mark Zuckerberg And Virtual Reality Outshine Samsung's Galaxy S7. In: Forbes vom 22. Februar 2016.

Bereich den Geschichtenerzähler beeinflussen wird, ist die Möglichkeit, Blickkontakt zwischen dem Zuschauer (ist das Wort noch treffend?) und den Figuren herzustellen. *„The moment Henry looks at you, you have a direct connection"*[11], kommentierte einer der Macher die Seherfahrung.

Die dabei entscheidende Erkenntnis ist das Fehlen der sogenannten *„vierten Wand"*, die das Filmerlebnis bestimmt. Das Theater geht traditionell von einer unsichtbaren Wand aus, die die Bühne vom Zuschauerraum trennt. Die Schauspieler, obwohl sie sich natürlich bewusst sind, dass ihnen Hunderte zuschauen, tun so, als gebe es die Zuschauer nicht. Der Film hat diese Konvention übernommen. Es gibt nur wenige Beispiele, in denen mit diesem Übereinkommen gebrochen wird. Eines der aktuellsten Beispiele ist die Serie HOUSE OF CARDS. Dort spricht die Hauptfigur Francis Underwood immer wieder mit den Zuschauern und bezieht sie in seine Gedankenwelt ein. Das Mittel wird dramaturgisch immer dann angewandt, wenn es darum geht, eine Figur zu zeigen, die es schwer hat Empathie beim Zuschauer zu entwickeln. Im Film kann dies aber immer nur eine Einbahnstraße sein. Die Figur kann natürlich nicht auf die Zuschauer reagieren.

In VR-Filmen ist dies anders. Hier kann die Figur die Anwesenheit und die Aktionen des Zuschauers in ihr Spiel miteinbeziehen. Oculus arbeitet allerdings daran, zu untersuchen, ob dies für das Erleben überhaupt sinnvoll ist. Noch steckt die Arbeit in den Kinderschuhen. Dieser Aspekt erinnert stark an den Beginn des Kinos. Die ersten Filmemacher experimentierten und lernten durch die Reaktionen ihres Publikums. Umgekehrt mussten die Zuschauer lernen mit dem neuen Medium umzugehen. Es ist eine bekannte Anekdote, dass die Menschen bei dem Film EINFAHRT EINES ZUGES IN DEN BAHNHOF VON LA CIOTAT angstvoll schreiend aus dem Kino liefen (vermutlich handelt es sich hierbei um eine Legende – trotzdem).

11 Watercutter, Angela: 6 Rules for Making Movies in the VR Age. In: Wired vom 26. August 2015.

Weiterhin stellt sich die Frage nach der Fokussierung der Aufmerksamkeit. Es ist eine der großen Stärken des Mediums Film (das hat es dem Theater voraus), dass es die Konzentration des Zuschauer lenkt. Die Filmemacher entscheiden für den Zuschauer, was wichtig für die Geschichte ist, z.B. die Nahaufnahme der Hand, mit der die Hauptfigur sich am Felsen festkrallt, während tief unter ihr das Meer tobt. In einem VR-Film kann der Zuschauer sich währenddessen mit einer schönen Blume beschäftigen, die nur wenige Meter entfernt auf der Wiese blüht. Erste Versuche von Oculus, die Aufmerksamkeit mit akustischen oder visuellen Reizen zu lenken, haben sich als kontraproduktiv herausgestellt. Letztendlich würde der VR-Film auch wieder zu einem traditionellen Film mutieren, wenn er diesen Weg weiter gehen würde. Insofern liegt die Lösung darin, nicht nur eine Geschichte zu erzählen, sondern mehrere Ebenen gleichzeitig anzubieten. *„Stories and storytelling should be as three dimensional as the space around us“*, heißt es auf der Webseite von Oculus[12]. Es bedarf einer völlig neuen Art und Weise des Geschichtenerzählens.

Theoretisch haben VR-Filme die Möglichkeit, die Zuschauer sehr tief in das Geschehen mit einzubinden. Sie sind Teil der Handlung, noch mehr als sie das in bisherigen Computerspielen sind. Vielleicht wird die Narration der Einsatzbereich sein, in dem VR seine großen Stärken ausspielt. Games bedeuten schon heute Interaktion. Lassen wir einmal die semantische Frage beiseite, was Film und Game unterscheidet, dann wird im Jahr 2020 VR eine attraktive Möglichkeit sein, audiovisuelle Werke zu konsumieren. Es werden interaktive Projekte angeboten werden, die darauf beruhen, dass der Nutzer Teil einer dreidimensionalen Welt ist. Die Erzählungen müssen komplex sein, was auch bedeutet, dass längere Formate in der Herstellung teuer werden. Es wird einen enormen Aufwand bedeuten, grafisch und erzählerisch anspruchsvolle Werke zu schaffen, die die Nutzer länger als nur

---

12 Graham Peter: Oculus Story Studio Reveal 5 Lessons Learned. In: VR focus vom 29. Juli 2015.

fünf Minuten beschäftigen. So werden es in der ersten (sehr langen Phase) Projekte sein, die sich an ein großes Publikum wenden, damit sie refinanziert werden können. Wahrscheinlich wird es analog zu den Computerspielen um große Schauwerte und mythologische Geschichten gehen (wie z.B. das Game GRAND THEFT AUTO, das sich mythischer Muster bedient).

Auf der anderen Seite wird das kurze Format ebenfalls eine große Rolle spielen. Schon heute reicht eine billige Brille, die in das Smartphone gesteckt wird, um einen VR-Film anzuschauen. Wenn jeder so eine Brille zu Hause besäße, wären das *casual VR-Game* oder der VR-Film die Normalität, wie es kleine Spiele auf dem Handy heute schon sind. Es wird sich jedoch sicherlich nicht durchsetzen, dass dieses in der S-Bahn oder im Park geschieht.

Derzeit stellen sich noch viele technische und logistische Fragen. VR-Brillen, die eine halbwegs annehmbare Qualität aufweisen, müssen durch ein Kabel mit dem Computer verbunden sein. Dies ist in experimentellen Situationen kein Problem, aber wie sieht es mit einer massenhaften Verbreitung aus? Wird es kinoähnliche Räume geben, in denen die Zuschauer VR-Filme anschauen können? Wahrscheinlich nicht. Vermutlich wird VR eher im eigenen Wohnzimmer konsumiert. Meist ist es aber nicht so einfach, den notwendigen Raum zu schaffen. Die neueren Spielekonsolen, auf denen wie bei der Wii mit Bewegung agiert werden kann, stellen schon eine Herausforderung dar, obwohl der Spieler lediglich im Raum steht. Doch was passiert erst, wenn der Zuschauer, der eine Brille trägt, blind in seinem eigenen Wohnzimmer umhertappt? Wie viele Vasen werden den VR-Filmen zum Opfer fallen?

Marktforscher sagen VR eine große Zukunft voraus. Bis Ende 2016 prognostizieren sie einen weltweiten Absatz von rund sechs Millionen Headsets und den Verkauf von 15 bis 20 Millionen Cardboards. Es sollen 71 Millionen Euro für VR-Videos und -Games in 2016 sowie 7,4 Milliarden für 2020 ausgegeben werden.

Hinter diesen Prognosen steht eine Industrie, die sich ein neues großes Feld für Einnahmen verspricht. Eine ähnliche Situation hat es schon einmal vor ca. zehn Jahren mit der Einführung von 3D gegeben. Das Kino versprach sich davon ein Alleinstellungsmerkmal und die Elektronikindustrie einen Markt für neue Geräte. Heute haben sich die Versprechungen und Prognosen als vollkommen falsch herausgestellt. Im Kino, weil nur wenige Filme einen wirklichen Mehrwert bieten konnten und im Fernsehen, weil es einerseits zu wenige Angebote gibt und andererseits die Nutzerfreundlichkeit nicht unbedingt gegeben ist.

3D und VR fristen ein Nischendasein, das hauptsächlich auf den Gamesbereich beschränkt bleibt. Virtual Reality wird den klassischen Film nicht ersetzen und auch im Jahr 2020 keine entscheidende Rolle spielen, aber es wird für einige Projekte eine interessante Alternative bieten können.

# FAZIT

Im Jahr 2020 wird sich sehr deutlich ein Trend manifestieren, der dann 2025 das Bild der audiovisuellen Medien bestimmt. Das Fernsehen, das wir kennen, wird es nicht mehr geben. Das lineare Programm wird zu einem billig produzierten Medium, das selbst ein Eichhörnchen geistig nicht überfordert. Die originellen, kreativen und komplexen Erzählungen werden per Stream stattfinden. Sie werden in ihren Formaten und ihren Ausspielungswegen sehr differenziert sein. Das kurze Webvideo wird neben der langen, horizontal erzählten Serie bestehen. Die Zuschauer werden nicht mehr an Kanäle gebunden sein, sondern werden ihre Filme immer da konsumieren, wo sie sich gerade aufhalten.

Erzählerisch befinden wir uns auch im Jahr 2020 noch in der Phase des Experimentierens. Diese wird in 2025 beendet sein. Dann werden sich die Player etabliert haben, und sie werden versuchen ihre Erfolge zu wiederholen.

In Deutschland im Jahr 2020 werden die privaten Sender bis auf sehr wenige Ausnahmen dem entsprechen, was sie heute schon sind. Die öffentlich-rechtlichen werden in Seniorenheimen und auf Kreuzfahrtschiffen gern gesehen, wenn sie nicht eine radikale Umkehr vornehmen.

Wie sähe diese Revolution in den Sendeanstalten aus? Die Verantwortlichen müssten erkennen, dass fiktionale Produktionen von Kreativen geschaffen werden, die nur dann wirklich spannende und herausragende

Qualität liefern können, wenn sie nicht gezwungen werden, sich dem vermeintlichen Publikumsgeschmack anzupassen. Die Senderchefs müssten ein Verständnis dafür entwickeln, dass der Markt fragmentiert ist. Der Anspruch, möglichst viele zu erreichen, ist heutzutage verfehlt. Die Sender bräuchten eine auf längere Sicht geplante Qualitätsoffensive. Jeder Sender müsste von den Aufsichtsgremien aufgefordert werden, ein Konzept für eine solche Offensive zu entwickeln. Dieser Plan sollte nicht nur von Mitarbeitern der Sender erarbeitet werden, sondern auch die entscheidenden Kreativen integrieren. Als Vorbild könnte hier jene Kommission aus externen Fachleuten und Wissenschaftlern dienen, die für die Regierung Schröder im Jahr 2002 einen Maßnahmenkatalog erarbeitete, der zu einem wirklichen Umschwung in der damaligen wirtschaftlichen Situation geführt hat. Was die öffentlich-rechtlichen Sender benötigen, ist eine Agenda 2025, die die Rahmenbedingungen für nachhaltige und positive Entwicklungen festlegt.

Dabei ginge es nicht um konkrete Projekte, sondern um das Selbstverständnis und den Entwurf einer Strategie. Zwar sind die Sender schon heute (durch die EU) gezwungen, Leitlinien zu verfassen. Die deutschen Sender lassen jedoch die Gelegenheit, sich inhaltlich nachhaltige Entwicklungen zum Ziel zu setzen, ungenutzt verstreichen, indem sie die schon in der Entwicklung befindlichen Projekte auflisten. So formulierte die ARD für die Jahre 2015/16:

> *„Am Donnerstagabend wird Das Erste mit unterhaltenden und spannenden Serien (im Wechsel mit Spielshows – s.u.) aufwarten. Unter anderem werden hier neben weiteren Folgen der MORDKOMMISSION ISTANBUL und von KOMMISSAR DUPIN auch neue Serien zum Einsatz kommen, so zum Beispiel DER METZGER (AT) nach der österreichischen Bestseller-Reihe von Thomas Raab, in der Robert Palfrader als kauziger, schrulliger und eigenbrötlerischer Restaurator skurrile Fälle in Österreich löst, oder DIE DIPLOMATIN (AT) mit Natalia Wörner in der Hauptrolle einer Diplomatin,*

*die Bundesbürgern hilft, die im Ausland in existenzielle Not geraten."*[13] Sieht so ein zukunftsträchtiges Konzept aus?

Die BBC hingegen hat ihre Strategie mit dem sinnfälligen Titel *„Delivering Quality First"* überschrieben. Und an anderer Stelle heißt es u.a.: *„BBC output should be distinctive. The BBC should regularly include output that breaks new ground, develops fresh approaches, sets trends, and takes creative risks, from drama and comedy to entertainment."*[14]

Die Agenda 2025 sollte ehrgeizige Ziele entwickeln, für die die deutsche Bevölkerung bereit ist, mehr als 200 Euro Rundfunkbeitrag im Jahr zu bezahlen. Nur so wird es gelingen, dass im Jahr 2020 auch die öffentlich-rechtlichen Sender international erfolgreiche Formate wie SHERLOCK, DOWNTON ABBEY, DIE BRÜCKE und GOMORRHA entwickeln.

Die Streaming-Anbieter werden in Deutschland im Jahr 2020 wenig mehr als ein halbes Dutzend Serien produzieren. Vielleicht werden auch noch zwei bis drei Einzelstücke von diesen Anbietern angeboten werden. Es wird in den nächsten Jahren Erfolge und Misserfolge geben. Aber die Anbieter werden immer nur nach besonders spannenden und originellen Projekten suchen. Bei den neuen Anbietern können darum kreatives Potenzial und innovative Stoffe einen Entfaltungsraum finden. Es gibt also Hoffnung.

Das Kino wird sich in Deutschland kaum verändert haben. Neben dem Mainstream-Film wird es auch im Jahr 2020 gut 100 Filme im Kino geben, die zu einem großen Teil eigentlich Fernsehfilme sind. Dies wird zu einer inhaltlichen Stagnation führen, die vielleicht erst Jahre später aufgelöst werden wird.

Entscheidend wird sein, dass die Kreativen wieder Mut fassen, dass sie sich selbst wieder ernst nehmen und sich nicht weiter einschüchtern

13 ARD: ARD-Bericht 2013/14 und ARD-Leitlinien 2015/16 – www.daserste.de.

14 BBC: Inside the BBC – www.bbc.co.uk.

lassen. Es gilt den Status Quo, der sich auch in den Köpfen eingenistet hat, zu durchbrechen.

Wir sollten uns klar darüber sein, Papas Kino und Fernsehen sind tot.

Es lebe das Geschichtenerzählen!

# UPDATE OKTOBER 2017

Vor genau einem Jahr ist dieser Essay über die Zukunft von Film und TV zum ersten Mal erschienen und inzwischen ist diese Zukunft näher gerückt.

Derweil sind zwei der deutschen Serien erschienen, von denen in diesem Essay berichtet wird. Mit You Are Wanted setzte die Streaming-Plattform Amazon Ende März den Startpunkt für eine Reihe von deutschen Serien, die nicht von den Sendern des klassischen linearen Fernsehens angeboten werden. Basierend auf einer Idee und den Drehbüchern von Hanno Hackfort, Richard Kropf und Bob Konrad produzierte, inszenierte und spielte Matthias Schweighöfer die sechsteilige Thrillerserie. Sie handelt von dem Berliner Projektmanager Lukas Franke, der Opfer eines Hacker-Angriffs ist, in dessen Folge seine gesamte Identität umgeschrieben wird. Während sein Privat- und Berufsleben damit ins Chaos stürzen, versucht der verzweifelte Familienvater herauszufinden, wer hinter der Attacke steckt.

Im Mai setzte der Pay-TV-Kanal TNT einen weiteren Meilenstein. 4 Blocks, ebenfalls von Hanno Hackfort, Richard Kropf und Bob Konrad erdacht und geschrieben, erzählt in sechs Episoden die Geschichte eines arabischen Clans in Berlin-Neukölln. Im Zentrum steht Ali Hamady, der seiner Frau und Tochter zuliebe seine kriminellen Geschäfte hinter sich lassen will. Doch als sein Schwager nach einer Razzia verhaftet wird, gerät er in ein Szenario aus Verbrechen, Intrigen und Verrat. Aus erzählerischer Sicht sind You are Wanted und 4 Blocks, obwohl von dem gleichen Autorentrio geschrieben, sehr unterschiedlich. Allerdings war in einem Artikel in der Frankfurter Allgemeinen Sonntagszeitung zu lesen, dass sich Matthias Schweighöfer bei You are Wanted, ausgehend vom Material der Autoren als „Ko-Umschreiber des Drehbuchs" betätigt hat.

Einerseits erzählt You Are Wanted eine klassische Geschichte mit einer zentralen Hauptfigur in einem Dilemma. Ungewöhnlich ist allerdings das Genre, denn im deutschen Fernsehen gab es in den letzten Jahrzehnten keine Thrillerserie (Im Angesicht des Verbrechens und andere waren Krimiserien). Auch das Hackermilieu ist, zumindest in einer deutschen Fernsehserie, ungewöhnlich und neu.

Auf der anderen Seite wird im Verlauf der Serie die Geschichte zunehmend unlogisch, verwirrend und wirkt wenig durchdacht. Der Zuschauer wird das Gefühl nicht los, dass hier mit heißer Nadel gestrickt worden ist. Immer wieder greift die Erzählung auch auf Klischees zurück, deren Sinn in den wenigsten Fällen erkennbar ist.

Das Prinzip, dass Autoren als Showrunner agieren, ist bei You are Wanted nicht beachtet worden. Stattdessen hat sich Produzent Schweighöfer als Hauptdarsteller und Regisseur in den Mittelpunkt gestellt. Hoffentlich – so kann sich der Zuschauer nur wünschen – macht das keine Schule. Denn eine Geschichte sollte in den Händen derjenigen bleiben, die professionell tagtäglich mit Dramaturgie und kreativen Erfindungen zu tun haben.

4 Blocks zielt, wie alle Produktionen der amerikanischen Streaming-Plattformen, auf ein *„spitzes Zielpublikum"*. Mit anderen Worten: Die Serie will und wird nicht jeden ansprechen. Dabei geben Qualität und Originalität der Serie bei TNT einen guten Hinweis darauf, was die Zukunft bereithalten wird.

Mit Sky wird in Zukunft ein weiterer Anbieter in Deutschland eigene Inhalte produzieren. Der Pay-TV-Kanal hat bekanntgegeben, dass er eine Dramaserie entwickelt, deren Ausstrahlung für 2018 geplant ist. Acht Tage erzählt von den vermutlich letzten Tagen der Menschheit. Im Mittelpunkt steht eine deutsche Familie, aus deren Sicht die Ereignisse geschildert werden. Jede Episode bildet einen der letzten acht Tage ab.

Auch international hat sich einiges getan. Netflix hat im Sommer 2017 die Marke von 100 Millionen Abonnenten übersprungen. Apple streckt seine Fühler zaghaft nach der Produktion von Filmen und Serien aus. Das Unternehmen soll planen, im Jahr 2018 mehr als eine Milliarde Dollar dafür auszugeben (Taschengeld im Vergleich zu Netflix mit sieben Milliarden).

Und mit Disney wird zum ersten Mal ein Filmstudio eine eigene Streaming-Plattform gründen. Der Unterhaltungskonzern (zu dem auch Pixar gehört) hat seinen Vertrag mit Netflix gekündigt. Er wird seine Filme und Serien ab 2019 selbstständig vermarkten.

Im Mai kündigte auch die Deutsche Telekom Investitionen in eigene Inhalte an. Und mit Liberty Global, dem Mutterkonzern des deutschen Kabelnetzbetreibers Unitymedia, wird ein weiterer Plattformbetreiber eine eigene Serie produzieren.

Sogar Facebook hat angekündigt, in Zukunft eigene Hochglanzserien zu zeigen.

Immer mehr Filmemacher arbeiten für die beiden großen Streaming-Dienste. Nach Woody Allen im Herbst 2016 werden auch die Coen Brüder eine Westernserie für Netflix drehen. Erzählt werden sollen sechs unterschiedliche Geschichten über die Grenze im amerikanischen Westen. Veröffentlicht wird das Projekt 2018.

Bereits im Winter 2016 ist die Serie WESTWORLD von Jonathan Nolan und Lisa Joy bei HBO erschienen. Die Handlung spielt in einem Vergnügungspark der Zukunft, in dem die Menschheit ihre geheimen Wünsche ausleben kann. Die Besucher tauchen in eine Westernwelt ein, in der die Bewohner durch täuschend echte Roboter dargestellt werden. Die Serie basiert auf einem Genremix, in dem sich der klassische Western mit Science-Fiction mischt. Äußerst komplex erzählt, hält die Geschichte einige Überraschungen für die Zuschauer bereit. Die Grenzen des Erzählerischen wurden mit WESTWORLD noch einmal erweitert.

Insgesamt zeigt sich also, dass das Potential zur inhaltlichen Erneuerung noch längst nicht ausgereizt ist. Die im Essay beschriebene Bewegung, weg vom linearen Fernsehen, hin zu neuen Anbietern und neuen Inhalten, wird immer stärker.

In Bezug auf die kritische Betrachtung von Virtual Reality in diesem Essay liefert besonders eine Nachricht einen Hinweis auf die Zukunft. Im Mai hat Facebook sein Oculus Story Studio geschlossen. Das Labor, das eigene erzählerische Inhalte produzieren sollte, wurde schon nach den ersten Gehversuchen abgewickelt. Die offizielle Begründung, dass es genügend externe Entwickler für diese Anwendung gibt, scheint angesichts des frühen Endes des Experiments wenig glaubhaft. Wahrscheinlich hat das Unternehmen die Limitationen dieser Technik erkannt und die großen Hoffnungen begraben.

# QUELLEN: LITERATUR


ARD: ARD-Bericht 2013/14 und ARD-Leitlinien 2015/16. http://www.daserste.de/specials/ueber-uns/ard-leitlinien-2015-2016-100.pdf (20.08.2016).

BBC: Inside the BBC. http://www.bbc.co.uk/aboutthebbc/insidethebbc/whoweare/publicpurposes/creativity.html (22.08.2016).

Child, Ben: Charlie Kaufman's Anomalisa beats crowdfunding record für film. In: The Guardian vom 19. September 2012. https://www.theguardian.com/film/2012/sep/19/charlie-kaufman-anomalisa-crowdfunding-record (22.08.2016).

Graham Peter: Oculus Story Studio Reveal 5 Lessons Learned. In: VR focus vom 29. Juli 2015. https://www.vrfocus.com/2015/07/oculus-story-studio-reveal-5-lessons-learned/ (20.08.2016).

Leichtman Research Group, Inc. (LRG): Press Releases, July 20, 2016. http://www.leichtmanresearch.com/press/072016release.html (20.08.2016).

Lückerath, Thomas: Chuck Lorre scherzt über den Untergang des Fernsehens. In: DWDL.de vom 19. April 2016. http://www.dwdl.de/nabshow16/55574/chuck_lorre_scherzt_ueber_den_untergang_des_fernsehens/ (20.08.2016).

Netflix: Von Baran bo Odar, dem Regisseur von Who Am I und den Produzenten von Das Leben der Anderen kommt das erste deutsche Netflix Original Dark. In: Netflix Medien-Center vom 24. Februar 2016. https://media.netflix.com/de/press-releases/from-baran-bo-odar-director-of-who-am-i-and-the-producers-of-the-lives-of-others-comes-the-first-german-netflix-original-series-dark (22.08.2016.).

Nicodemus Katja: Bettina Reitz „Wo bleibt der Mut zur Größe?" (Interview). In: DIE ZEIT Nr. 42/2015 vom 15. Oktober 2015.

Olson, Parmy: Mark Zuckerberg And Virtual Reality Outshine Samsung's Galaxy S7. In: Forbes vom 22. Februar 2016. http://www.forbes.com/sites/parmyolson/2016/02/22/mark-zuckerberg-virtual-reality-samsung-galaxy-s7/#2d1097904a64 (22.08.2016).

Otto, Katrin: Neues Pay-Modell. Matthias Schweighöfer und Dan Maag starten VoD-Dienst Pantaflix. In: W&V vom 25. Juli 2016. http://www.wuv.de/medien/matthias_schweighoefer_und_dan_maag_starten_vod_dienst_pantaflix (20.08.2016).

Tittelbach, Rainer: Serie „Blochin – Die Lebenden und die Toten". http://www.tittelbach.tv/programm/serie/artikel-3824.html (20.08.2016).

Tobias, Scott: Mad Men creator Matthew Weiner. In: A.V.CLUB vom 27. Juli 2008. http://www.avclub.com/article/imad-meni-creator-matthew-weiner-14281 (22.08.2016).

Wiedemann & Berg: Erneute Zusammenarbeit bei einem Serienformat. In: News vom 17. Februar 2016. http://www.w-b-television.de/nc/news/news-detail/erneute-zusammenarbeit-bei-einem-serienformat/ (22.08.2016).

Watercutter, Angela: 6 Rules for Making Movies in the VR Age. In: Wired vom 26.08.2015, 7:00 AM. http://www.wired.com/2015/08/6-rules-making-movies-vr-age/ (20.08.2016).

# QUELLEN: FILME, SERIEN, SHOWS, GAMES, PODCASTS

ADAPTATION (ADAPTION – DER ORCHIDEEN-DIEB): Spielfilm, B: Charlie Kaufman, R: Spike Jonze, USA 2002.

ADD A FRIEND: Serie, 30 Episoden, Idee: Christian Lyra, Sebastian Wehlings, D, TNT 2012-2014.

ALLES WAS ZÄHLT: Serie, 2450 Episoden, Idee: Guido Reinhardt, D, RTL seit 2006.

ANOMALISA: Spielfilm, B: Charlie Kaufman, R: Duke Johnson, Charlie Kaufman, USA 2015.

BEASTS OF NO NATION: Spielfilm, B/R: Cary Joji Fukunaga, USA 2015.

BABYLON BERLIN: Serie, 16 Episoden, 2 Staffeln, B: Tom Tykwer, Achim von Borries, Hendrik Handloegten, R: Tom Tykwer, D, Sky 2017.

BEING JOHN MALKOVICH: Spielfilm, B: Charlie Kaufman, R: Spike Jonze, USA 1999.

BETRUGSFÄLLE: Serie, 310 Episoden, D, RTL seit 2010.

BLOODLINE: Serie, 23 Episoden, Idee: Todd A. Kessler, Glenn Kessler, Daniel Zelman, USA seit 2015.

BORGEN (BORGEN – GEFÄHRLICHE SEILSCHAFTEN): Serie, 30 Episoden, Idee: Adam Price, DK, DR 2010-2013.

BRAVE: Spielfilm, B: Mark Andrews, Steve Purcell, Brenda Chapman, Irene Mecchi, R: Mark Andrews, Brenda Chapman, USA 2012.

BREAKING BAD: Serie, 62 Episoden, Idee: Vince Gilligan, USA, AXN 2008-2013.

CSI: MIAMI: Serie, 232 Episoden, Idee: Anthony E. Zuiker, Ann Donahue, Carol Mendelsohn, USA, CBS 2002-2012.

CSI: CRIME SCENE INVESTIGATION (CSI: VEGAS, bis einschließlich Staffel elf CSI: DEN TÄTERN AUF DER SPUR): Serie, 337 Episoden, Idee: Anthony E. Zuiker, USA, CBS 2000-2015.

DAMAGES (DAMAGES – IM NETZ DER MACHT): Serie, 59 Episoden, 5 Staffeln, Idee: Todd A. Kessler, Glenn Kessler, Daniel Zelman, USA 2017-2012.

DARK: Serie, 10 Episoden, B: Jantje Friese, R: Baran bo Odar, D, Netflix 2017.

DER BLAULICHT REPORT: Serie, 105 Episoden, 1 Staffel, D seit 2015.

DER BUNKER: Spielfilm, B/R: Nikias Chryssos, D 2015.

DER CLUB DER ROTEN BÄNDER: Serie, 10 Episoden, 1 Staffel, Idee: Albert Espinosa, D, VOX seit 2015.

DER METZGER: Reihe, 2 Episoden, D, ARD, seit 2015.

DER NACHTMAHR: Spielfilm, B/R: Akiz, D 2016.

DEUTSCHLAND 83: Serie, 8 Episoden, Idee: Anna Winger, D, Sundance TV/Channel 4/RTL 2015.

DEUTSCHLAND SUCHT DEN SUPERSTAR: Show, 267 Episoden, 13 Staffeln, Idee: Simon Fuller, D, RTL seit 2002.

DEXTER: Serie, 96 Episoden, Idee: Jeff Lindsay, Lauren Gussis, Timothy Schlattmann USA, Showtime 2016-2013.

DIE ANKUNFT EINES ZUGES AUF DEM BAHNHOF VON LA CIOTAT: Stummfilm, R: Auguste Lumière, Louis Lumière, F 1896.

DIE BRÜCKE – TRANSIT IN DEN TOD: Serie, 30 Episoden, B/Idee: Hans Rosenfeldt, B: Mans Marlind, Björn Stein, Nikolaj Scherfig, Camilla Ahlgren, DK/SE/D, SVT1/DR1/ZDF seit 2011.

DIE DIPLOMATIN: Reihe, 2 Episoden, D, ARD seit 2016.

ES WERDE STADT: Dokumentation, B/R: Martin Farkas, Dominik Graf, D 2014.

FAST & FURIOUS: Spielfilmreihe, 7 Filme, 2 Kurzfilme, USA seit 2001.

ETERNAL SUNSHINE OF THE SPOTLESS MIND (VERGISS MEIN NICHT!): Spielfilm, B: Charlie Kaufman, R: Michel Gondry, USA 2004.

FRUITVALE STATION (NÄCHSTER HALT: FRUITVALE STATION): Spielfilm, B/R: Ryan Coogler, USA 2013.

FUCK JU GÖTHE: Spielfilm, B/R: Bora Dagtekin, D 2013.

GAME OF THRONES: Serie, 60 Episoden, Idee: David Benioff, D.B. Weiss, USA, HBO seit 2011.

GERMANY'S NEXT TOPMODEL: Show, 162 Episoden, Idee: Tyra Banks (America's Next Top Model), D, ProSieben seit 2006.

GONE WITH THE WIND (VOM WINDE VERWEHT): Spielfilm, B: Sidney Howard, Ben Hecht, R: Victor Fleming, USA 1939.

GRACE AND FRANKIE: Serie, 13 Episoden, Idee: Marta Kauffman, Howard J. Morris, USA, Netflix seit 2015.

GRAND THEFT AUTO: Computerspiel-Serie, Entwickler: Rockstar North, GB 1997-2013.

GUTE ZEITEN, SCHLECHTE ZEITEN: Serie, 6000 Episoden, D, RTL seit 1992.

HEIMAT – EINE DEUTSCHE CHRONIK: 1. Teil der Heimat-Trilogie, B: Edgar Reitz, Peter Steinbach, R: Edgar Reitz, D 1984.

HOMELAND: Serie, 60 Folgen, Idee: Howard Gordon, Alex Gansa, USA, Showtime seit 2011.

HOUSE OF CARDS: Serie, 52 Episoden, Idee: Michael Dobbs, Andrew Davies, Beau Willimon, USA, Netflix seit 2013.

ICH BIN EIN STAR –HOLT MICH HIER RAUS!: Show, 166 Episoden, 10 Staffeln, D, RTL seit 2004.

IN TREATMENT (IN TREATMENT – DER THERAPEUT): Serie, 106 Episoden, Idee: Hagai Levi, USA, HBO 2007-2010.

KIR ROYAL (AUS DEM LEBEN EINES KLATSCHREPORTERS): Serie, 6 Episoden, Idee: Helmut Dietl, D 1985.

KOMMISSAR DUPIN: Reihe, 3 Episoden, D, ARD seit 2014.

LIEBE LEBT WEITER: Reihe: INGA LINDSTRÖM, B: Christiane Sadlo, R: Marco Serafini, D, ZDF 2015.

Mad Men: Serie, 92 Episoden, Idee: Matthew Weiner, USA, AMC 2007-2015.

Manchester by the Sea: Spielfilm, B/R: Kenneth Lonergan, USA 2016.

Monsters University (Die Monster Uni): Spielfilm, B: Daniel Gerson, Robert L. Baird, Dan Scanlon, R: Dan Scanlon, USA 2013.

Mordkommission Istanbul: Reihe, 14 Episoden, Idee: Hülya Özkan, D, ARD seit 2008.

Morgen hör ich auf: Serie, 5 Episoden, Idee: Martin Eigler, Sönke Lars Neuwöhner, Sven S. Poser, D, ZDF 2016.

Paranormal Activity: Ghost Dimension: Spielfilm, B: Jason Harry Pagan, Andrew Deutschman, Adam Robitel, Gavin Heffernan, R: Gregory Plotkin, USA 2015.

Serial: Podcast, 23 Episoden, 2 Staffeln, Idee: Sarah Koenig, Julie Snyder, USA seit 2014.

Stromberg – Der Film: Spielfilm, B: Ralf Husmann, R: Arne Feldhusen, D 2014.

Synecdoche, New York: Spielfilm, B/R: Charlie Kaufman, USA 2008.

The Affair: Serie, 22 Episoden, Idee: Sarah Treem, Hagai Levi, USA, Showtime seit 2014.

The Big Bang Theory: Serie, 207 Episoden, Idee: Chuck Lorre, Bill Prady, USA, CBS seit 2007.

The Birth of a Nation: Spielfilm, B/R: Nate Parker, USA 2016.

The Blue Umbrella: Kurzfilm, B/R: Saschka Unseld, USA 2013.

The Man in the High Castle: Serie, 10 Episoden, 1 Staffel, USA, Amazon seit 2015.

The Sopranos (Die Sopranos): Serie, 86 Folgen, Konzept: David Chase, USA, HBO 1999-2007.

The Walking Dead: Serie, 83 Episoden, Idee: Frank Darabont, Robert Kirkman, Tony Moore, USA, AMC seit 2010.

Transparent: Serie, 20 Episoden, Idee: Jill Soloway, USA, Amazon seit 2014.

Two and a Half Men: Serie, 262 Episoden, Idee: Chuck Lorre, Lee Aronsohn, USA, CBS 2003-2015.

Unter uns: Serie, 5400 Episoden, Idee: Kay Rolle und Jörg Brückner, D, RTL seit 1994.

Verdachtsfälle: Serie, 690 Episoden, D, RTL seit 2009.

Vier Blocks: Serie, 6 Episoden, D, TNT 2017.

Weinberg: Serie, 6 Episoden, Idee: Arne Nolting, Jan Martin Scharf, Philipp Steffens, D, TNT 2015.

Wetten, dass..?: Show, 215 Ausgaben, Idee: Frank Elstner, D/A/CH, ZDF/ORF/SRF 1981-2014.

Who am I – Kein System ist sicher: Spielfilm, B: Jantje Friese, R: Baran bo Odar, D 2014.

You Are Wanted: Serie, 6 Episoden, Idee/B: Richard Kropf, Hanno Hackfort und Bob Konrad, R: Matthias Schweighöfer, D, Amazon 2017.